물고기들의 행진

인지
생략

| 들꽃시선 151 |

이원규 종심從心시집

물고기들의 행진

2023년 08월 14일 초판인쇄
2023년 08월 20일 초판펴냄

지은이/이원규

펴낸이/문창길

펴낸곳/도서출판 들꽃
주 소/04623 서울 중구 서애로 27 서울캐피탈빌딩 B202호
전 화/02)2267-6833, 2273-1506
팩 스/02)2268-7067
출판등록/제5-313호(1992. 5. 15)
E-mail:dlkot108@hanmail.net

값 12,000원

* 이 책은 2023 경기도 장애예술인 전문예술 활동지원 사업에 선정되어 '경기도' 와 '경기문화재단' 의 지원을 받아 제작되었습니다.

ISBN 978-89-6143-231-3 03810

들꽃시선 151

물고기들의 행진

| 이원규 종심從心시집 |

아- 끝없는 기쁨이로소이다[1)]

아- 벌써 일흔, 종심從心의 나이가 되었다. 지금까지 살아온 문학 인생을 되돌아보니 '아- 끝없는 기쁨이로소이다' 라는 시 한 구절이 비로소 가슴에 와닿는다. 노작 홍사용 선생을 연구한다고 겁 없이 나섰던 50대 초반부터 60대까지는 그야말로 열혈 청년 같았다. 다만, 남 좋은 일만 했다고 하지만, 그래도 뒤늦게나마 〈노작 홍사용문학관〉에서 주는 〈감사패〉를 10년이 지난 지난 해에 받았다.

인심이 날로 사나워지는 무서운 세상이다. 그러거나 말거나 상태가 별로 좋아 보이지 않는 물속에서 잠시도 쉬지 않고 헤엄치는 물고기들도 악착같이 살고 있다. 이런 험한 세상을 만났지만, 시작詩作의 행진은 멈출 수가 없다.

- 2023년 무더운 여름, 백조와 함께 심곡천을 천천히 산책하며

1) 『백조白潮』 1호, 노작 홍사용 시인의 시, 「백조는 흐르는데 별 하나 나 하나」에서 따옴.

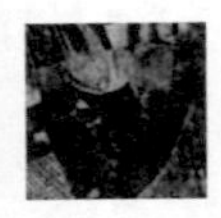

| 제2부 여름– 희망과 절망은 늘 함께 |

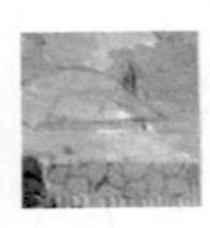

| 제3부 가을– 그리움은 금빛으로 빛나 |

| 제4부 겨울– 깊어진 지구 한구석 |

산문 | **나의 시와 삶 이야기**
- 경암 이원규의 문학 인생 40년

제 1 부

봄- 선한 꽃을 피우는 봄날

봄

봄은 그냥 오는 것이 아니다
봄은 그냥 보내서도 안 된다
봄은 인내를 요구한다, 용기를 요구한다
사는 것도 죽는 것도 두렵지 않은 결단을 요구한다
한낱 이름 없는 꽃으로 피었다가 이내 지는 꽃일지라도
신명나게 꽃대를 밀어올리는 봄은 아픔이다
이 봄에는 사는 법을 배우자
죽는 법도 생각해 보자
세상의 무리 속에서 어둠과 싸우는 빛으로 되어
뜨거웠던 정열 한곳으로 모아
언젠가는 싹이 트고 꽃이 필
먼 훗날 만남의 그날을 위해 힘 있는 기도를 올리자
오직 하나의 마음으로 힘껏 외쳐보자
봄은 내가 보내줄 것이며
꽃 피는 봄날 또한 나와 함께 가리니.

꽃 피는 봄날

흐르는 강물이 지금도 저리 깊이 멍들어 있는 것은
있음도 없음도 아닌 잃어버린 날들을
안으로 어루만지면서 예까지 흘러왔기 때문
나무와 나무 사이로 찾아오는 봄의 길목에서
찬바람 한 움큼 보듬고 밤을 꼬박 새운 나무들
굽힐 줄 모르는 신념으로 올곧게 자라고 있다

이제는 모든 미련 버려두고
다시 꽃 피는 봄날을 위해 기도하리라
외치는 기도 소리가 구름을 이끌고 다니면서
소낙비로 내리는 여름날엔
뜨건 햇살로 달인 진한 수액 마시며
녹색 열망으로 크는 나무 되어 버티며
땅속 깊숙이 뿌리 내리리라

지금도 이 땅에 뿌리 내리지 못한 씨앗들이
구천을 떠돌며 허우적거리고 있다
새로운 봄이 시작되면 다시 환생하리니
피고 또 지는 꽃들처럼

억센 계절의 시련 견디는
뿌리의 근성으로 꽃줄기 밀어 올리며
이 땅 위에서 선한 꽃을 피우는
봄날을 함께 맞이하리라.

봄이 바투 다가오니

생각만으로 길이 열리지 않는다
절벽처럼 솟아있는
꺄아지른 단절의 지층 앞에
가까스로 버티어 선 소나무 한 그루
어둠의 뿌리들은 허옇게 드러난
이빨을 번득거리며
살려 달라고 아우성친다

모서리마다 닳고 닳은
돌멩이의 껍질을 뚫고
문신처럼 들어가 박혀 있는
무수한 하얀 나비들이 꿈틀거린다
뼈와 살이 파편처럼 흩어지는 구름
햇살 밀린 틈으로 쏟아 부서질 듯
더운 입김 흩날리며 가고 있다

손바닥을 꾹 움켜 힘주면
웅어리진 70년 한은 금시 뭉그러지고
비굴하게 살아남으려던 양심 한복판을

깊숙이 후비며 관통하는 불화살
삭은 뼈마디 같은 철조망
그 사이를 넘나들던 찬바람도 가고
바투 다가선 봄이 곧 오려는지
막혔던 강줄기 서서히 풀리고 있다.

호수

물풀들이 자기들끼리 뼈와 살을 비벼대고 있다
물안개 잔뜩 낀 물풀 사이에서
물고기들이 숨 몰아 들이키며 지느러미 흔드는
메워버린 웅덩이 안쪽에
왜가리 한 마리 우뚝 서 있다
무슨 꽃나무인지 모르겠으나
두둑마다 꽃대들도 올라와 두툼해진 우듬지

손차양하고 저 끝을 바라보니
아침놀에 떠밀려오는 불쾌한 물비린내
서로서로 가까워지려고 밀려오는 물너울처럼
도무지 만나지지 않고
명치끝만 쓰리게 저려온다

아침부터 웬일로 낮달은 떠서
기세등등한 햇덩이와 함께 가고 있다
보도블럭 시멘트 갈라진 틈으로
뒤늦게 핀 민들레가 납작 엎드려 보고 있다.

산으로 가는 바람

등성이마다 가득한 바람
휘휘 저어 뿌리치고
정녕 잊혀야 할 것은
빨리 잊어야만 한다기에
오늘도 산을 오른다

가는 길은
어디로 올라가도
하늘 끝에 닿고
어디로 내려가도
끝내 바다 앞

수평선의 끝은
아찔한 낭떠러지일까?
그냥 막힌 벽일까?
쓸데없는 생각도 해가면서
수평선 너머 끝까지
들릴 수 있게
크게

더 크게
부는 휘파람

온종일 여기저기 빙빙 돌다가
구멍 숭숭 뚫린 돌담 앞에 이르니
관자놀이 피가 솟구치듯
빠져나온 바람 한 점
산으로 기어오르고 있다
드디어 우화등선 이루었나 보다.

새벽 바다

아마 여기쯤일 거야
노트북의 자판을 두드릴 때마다
아름다운 별들이
은빛 비늘의 물고기 떼처럼 튀어 오른다

와락 밀려와선 헤살부리던 해일도
제풀에 지쳐 느슨하게 늘어진 새벽
이따금 소금기 축축한 바람이
알 수 없는 주문을 날리며
어수선한 문장을 쏜살같이 쓸며 빠져나간다

막막 하늘에서 날개 크게 펼쳐
기껏해야
새우깡이나 낚아채는 갈매기 떼들만
제 세상인 양 누비는 바다
올 적마다 낯설고 서먹하다
치는 파도는 한 번도
같은 자리에서 출렁인 적이 없다

그런데도
돌하르방처럼 두 눈 부릅뜨고
해인삼매海印三昧에 든 듯
티끌 하나 없는 그윽한 새벽 바다
그 속에 비친 하늘도
어느새 비단 물비늘로 갈아입었구나.

광장의 외침

들뜬 지층 허방 딛고 목덜미 빼내 밀며
앞서거니 뒤서거니 마디 풀린 여린 들풀
걸쭉한 입담에 홀려
우듬지만
웃자라고

덧난 상처 들먹이면 후끈후끈 아픈 생살
꽃 지고 때가 되면 실한 씨방 부풀 텐데
그대들 날밤 새우며
어쩌자고
칼을 가나

꽃샘 아닌 시샘에 세 치 혀 거침없고
오만상 찌푸리며 들춰내는 꼬투리들
덮어도 될 만한 트집
인제 그만
끝내기

우금치 고갯마루에 올라서면

지금도 우금치 고갯마루에 우뚝 선
혁명군의 외침이 들린다

들것에 얹혀 서울로 압송되는 녹두장군
강한 눈빛조차 기억에서 희미한 오늘
그림자도 없이 높이 솟아오른
동학혁명군 위령탑東學革命軍慰靈塔
겹겹 에워싼 맞기슭마다
구름 허리에 두른 산봉우리들
전진하며 외치던 함성
계곡을 타고 돌고 돌아
솔바람에 씻기면서 가라앉는 어진혼

우금치 고갯마루에 올라서면
천년 전설 스민 바위옷
끈끈한 생명력으로 지금까지 붙어있다
징 소리 꽹과리 소리에
죽창 들고 일어섰던
긴긴 행군의 대열 속에서

뚝뚝 떨어지는 빗방울 소리
바위가 대신 떨고 있다
청솔잎들 처럼 악착같이 버티고 있다

단군의 피 이어받은
마늘 냄새 쑥 냄새 서린
한겨레의 숨소리마저도
침묵으로 앙금 진 역사
아픔 안으로 삭이던 그날의 함성
일백삼십여 년 전부터 지금까지
이내처럼 자욱하게
우금치 고갯마루를 떠나지 못하고 있다.

사람답게 사는 세상

강물이 가까이 다가와 있는 새벽에도
어진혼들은 설움의 눈물 뿜고 있었던가
신음하던 고통의 단말마도 잊힌 지 오래건만
빼앗긴 들과 길 기어코 되찾으려
황토현黃土峴으로 진격하던 그날
땅속으로, 하늘 고샅으로 숨어버린 태양
지금도 새벽안개는 빛을 차단하며 녹아 흐른다
새벽은 습성처럼 찬 공기를 동반하지만
우리는 쓰린 아랫배에 힘주며
마지막 남은 근성으로
앙칼지게 꼭두새벽부터 목청을 틔우며
죽창 들고 분노의 함성을 질렀다

잠자리같이 툭 튀어나온 녹두장군의 눈망울처럼
수천의 렌즈를 번뜩이며
까치발 딛고 서서 곳곳을 지켜보던 사람들
수억 전파의 파장을 쏘며 야윈 몸뚱어리까지
이곳저곳 샅샅이 수색하는 중이다

뼁 뚫린 가슴팍을 밟으며 가는 사람들의 발걸음
웃음이 웃음으로 남지 못하고
필름 위에 흐릿한 반점처럼 흐려졌다
죽창 들고 깃발 휘날리던
만경들 지평선 너머에서
사람이 사람 위에 올라섰다가
거꾸로 곤두박질하는 것도 보인다.

칠성전망대에 올라

바람보다 먼저
너른 벌판을 가로질러 가는
그림자, 너는 누구를 찾는 어진혼이더냐
먼 불빛 아득한데
별이 되어 솟아오르지도 못하고
전설처럼 북으로 흘렀다가 다시
남으로 흐르는 금성천!
강물 속에서 흔들거리던 모진 세월이여!

굳게 채워 닫은 비무장지대
아픔으로 허물 벗은 꽃뱀이
가르마를 타며 지나가는 듯한
365마일 휴전선으로
오늘도 어제처럼 바람은 수시로 드나들고
구름 밀린 틈으로
언뜻언뜻 보이는 얼굴
누구를 기다리는 아픈 혼이더냐

이제 어디 가서 너를 찾으랴

너를 만나 무슨 이야기를 나누랴
우상처럼 버티고 선 허수아비
하늘이 무너져 내리는 것도 아닌데
맨눈을 부릅뜨고 도대체 너는
무엇을 노려보는 것이냐?

막사발

대호밭*
산기슭에
어둠 삭혀
젖은 바람

한달음에
넘는 산맥
굽이굽이
도는 구름

가마터
막사발 위에
내려앉는
어진혼

* 대호밭 : 경기도 오산시 궐동. 도예가 빗재 김용문이 가마를 짓고 막사발을 굽던 터.

빈 항아리

빈 항아리 속에는
하늘만큼이나 큰 산을 움켜쥔
바람이 있다

항아리에 피가 돌고
열이 오르고
잎이 나고
뿌리가 돋고

새벽닭이 울 때까지
대추나무 그림자
온종일 지키고 있다.

창窓

하얀 모시 적삼을 입으시고
기름 바른 희끗머리 단정히 빗고
두 손 모아서 무릎 위에 괴이신 옆얼굴이
촛불에 어려 빛나고 있습니다.

장롱 깊숙이에서 꺼낸 향을 피는 주름진 손이
날개 상한 새처럼 파들거리는 것은
어머님, 누구를 위한 정성이옵니까?
이제야 주름진 손으로 제 손을 만지시며
내 말랑한 이마에 힘주시던
뜨거운 뜻을 알겠습니다.

온갖 고생과 설움 맛보시고
얼룩진 얼굴로 괴로움 숨기시던 얼굴이
아들의 창가에서 아른거리고 있습니다.

사이버 공간

내 이름 익명이라
아무도 모를 테지
아이디 특수문자
복잡한 조합이니
누구냐, 묻지를 말라
나도 나를 모르니

여기는 사이버 공간
툭 터놓고 뛰는 곳
나 홀로 맞짱뜨고
세상도 후려치며
씹고 또 되새김해도
뭐랄 사람 없나니

숨기고 산다 한들
허술한 술래일 뿐
괜찮다, 이만하면
화려한 비상이다
세속의 은유법이란

볼 것 없는 껍데기

맥 놓고 주저앉아
속짐작 했다마는
메마른 나뭇가지
한물간 꽃잎처럼
떨어져 짓밟혀 버린
꽃도 잎도 아닌 나

제 2 부

여름- 희망과 절망은 늘 함께

바위섬

팔뚝에 묻은 개흙처럼
말라붙은 시간을 털어내면
비릿한 짠내가 울컥 밀려온다.
무수한 애벌레들도 우수수 쏟아진다.
붉은 햇덩이를 벌컥벌컥 마시고
쏟아놓은 까치놀
더욱더 무겁게 가라앉는 산 그림자

온몸 다 바쳐 굽어살피시던
하나님의 손자국
모래톱 위에 문신처럼 남고
와락 밀려와선 헤살부리던 해일에도
더욱더 근엄하게 돌아눕는
테트라포드 더미들 사이에서
미처 나비가 되지 못한 애벌레들이
달빛에 몸뚱이를 부르르 떨며
밤새도록 울음을 쏟는다.

한평생 하늘을 품고 살았다.

구름 한 번 욕심 낸 적 없었다.
오늘도 슬픈 낱말 주워 담지만
하나뿐인 바위섬 같은
노트북 자판 위에서
또박또박
옮겨 적는 그 말씀
그 귀한 말씀 옮겨 적는다.

줄타기

외줄
타고
청산 가듯
둥실둥실
뜬구름
흐르고

왼발
들고
오른발
내려
주춤주춤
밟으며

외줄
타듯
사는 세상
아슬아슬
덧없이
가는 세월

개똥벌레

오랜만입니다, 산새 소리
정말 반가웠어요
산이 좋아 산에 왔고
산도 나를 반겨주는 듯
꽃잎, 꽃잎, 꽃잎들이
구름처럼 떠 있는 하늘
산새 소리가 가슴속을 파고듭니다
괜스레 눈앞이 흐려지기도 합니다

까닭도 없이
흐르는 것이 어디 구름뿐이겠습니까
쓸데없는 잡목 같아도
나름대로 쓸모를 다하는 나무, 나무들

내 눈은 이미
꽃물에 흠뻑 젖었습니다
밥풀 같은 개똥벌레들
깜빡거리며 어서 오라 손짓합니다.

옛날에

옛날에
공동묘지였던 이 터는
지금, 초등학교 건물이 들어섰다

공동묘지 아래와 위로
고층 아파트가 들어섰고
수년 동안
된다 안 된다 다툼 끝에
이렇게
깔끔하게 결론 났다

귀신이 있을 리 없겠지만
주거용 아파트는 안 되는 것이 맞고
학교 용지가 타당하다며
즉시 형질이 변경된 덕분이다

산 중턱을
깎고 파내고
메우고 다듬기를 거듭하더니

그럴싸한 초등학교 건물이 들어섰다

지금은
귀신도 정신 못 차릴 정도로
아이들 떠드는 소리
아파트 단지도 귀가 먹먹하겠다.

24시간 지켜보고 있다

우리 집에
큰 대문은 없지만
현관을 나가면
정문과 후문에서
24시간 맞교대로
철통같이 지키는
열두 명의 경비 아저씨들

어린이 놀이터와 배드민턴장
동서남북에 있는 쉼터
울타리 사이로 뚫린 개구멍
음식물과 쓰레기 수거함은 물론
외각 산책로까지
24시간 지켜보고
있다.

걸어서 출근하기

이제는 쫓기듯
뒤돌아보지 않아도 된다
천천히 걷거나
빠르게 뛴다 해도
간섭하는 사람 없는
어제도 걸었던
이 길로 오늘도
걸어서 출근한다

앞장서서 걷는 것도 아니고
뒤따르며 걷는 것도 아니다
바깥으로 나왔더니
앞서가는 사람도 있고
뒤따라오는 사람이 있었을 뿐

우리는 모두
앞으로 걸어가고 있다
뒤돌아서서
걷는 사람은 아직

한 명도 본 적이 없다

이제는 쫓기며
걷는 게 아니라
누구의 간섭도 없이
내 의지대로
자유롭게
걷는 시대가 됐기 때문이다.

텃밭 주차장

그 흔하던 텃밭들 다 어디로 갔나
산책하고 집으로 돌아오는 골목
인분 냄새나던
텃밭이었던 공터
콘크리트 잔뜩 부어
주차장으로 변했다

고추, 배추, 열무 심던
그 텃밭
지금은
가지런하게 자동차들 심어졌다

절대로
새싹이 움틀 리 없는 파종
잠시 잠깐
바쁘게
새로운 차들이
들고나는 텃밭 주차장

자가용도 없는 내겐
아무 소용이 없으니
관심 둘 이유도 없건만
자꾸 눈길이 머무는
그 옛날 텃밭
매연과 소음도 무성하게 자란다.

땅속은 더 복잡하다

우리 집 마당 밑으로
지하철 7호선 땅굴이 지나가고
지렁이와 매미 유충
상수도관과 하수도관 그리고 우수관
전기와 통신선로까지 그 속에 산다
그뿐만 아니라
지하수도 흐르고
취객이 몰래 흘린 소변도
길을 내며 스며드는 중이다
또
하나 더
아니 서너 가지 더 있다
생쥐와 두더지 그리고 굼벵이
하여튼
땅 위보다 더
땅속은 한참 복잡하다
땅 위에 사는 우리는
꼬박꼬박 세금 내며 살지만
땅속에 사는 그것들은

세금 걱정
돈 걱정 하지 않아서
다투지도 않고
잘살고 있다니 천만다행이다
우리네야
죽어야 그렇게 살겠지만
그들은 살아서나 죽어서나 늘 그렇게 산단다
나는
그게 그렇게 부러울 수가 없다.

쥐구멍

집집이
강아지와 고양이가 없는
집이 없다
그 덕에
그렇게 흔하던 쥐
요즘 멸종위기의
희귀종 됐다

우리 집
내 머리 위
내 발밑 아래
나와 비슷한 사람들
쿵쿵거리며 산다

우리 집 아래층에 살던
봉식이네가 이사한 뒤로
누군가가 들어오긴 왔다는데
아직도
서로 살기 바빠서

내가 그들을 모르듯이
그들도 나를 모르는 게 정상이다

우리는 서로 모르면서
한 번지
같은 집에 산다
서로 관심 없기에
서로 마음 들여다볼 생각하지 않고
너무들 열심히
잘 먹고 잘들 사는
여기는 보기 드문 쥐구멍이다.

카톡

-배수구 청소하던 날

빼!
뭘 빼? 넣지도 않았어.

이쪽과 저쪽에서 무전기로 통화하는 중
미용실 아가씨는 신기한 듯
우리가 고압호스를 밀어 넣으며
물 빼는 걸 구경하며 피식 웃는다
아무래도 한 사람이 더 필요할듯해서
카톡을 날렸다

시간 나면
미용실로 잠깐 나와요

앗!
퇴근한 동료에게 보낸다는 것이
아내의 카톡에 잘못 날렸다

뭔, 미용실?
어느 여인한테 보내는 톡인가요?

아내는 누구냐고 계속 다그치고
미용실 천장에서 물은 줄줄 새고
막힌 배수굴 뚫긴 뚫어야 하는데
기다리는 사람은 오질 않고
물빼기 정말 어렵구나.

낚시터

그곳에
가보았는가
손끝 저리는
강물의 흔들림
고요
침묵

…!………

들어라
보아라
가늘게 뛰노는
물고기들의
맥박
단숨에 낚아채라.

동굴

거꾸로
매달린
박쥐들
봤다고

손때
안 탄
우물
있더라고

캄캄해서
저희끼리
찍찍
소리치는

동굴 같은
세상
박쥐가 된
사람들

금빛 그림자

존재하는 사물의 뒤에는
크건 작건 보이거나 않거나
스스로 제 몸 낮추고 있는
그림자가 있게 마련이지
그-림-자, 하면 왠지 서글펴!

희망과 절망은 늘 함께 살지
고요히 휩싸는 치맛자락같이[3]
끈덕지게 따라다니지
그림자처럼 살아온
인-생, 하니 왠지 질겨 보이잖아!

3) 2연 2행은 노작 홍사용 시인의 「백조는 흐르는데 별 하나 나 하나」에서 인용.

길 떠나는 길에서

길 떠나는 길에서
나비들이 일제히
날개를 퍼덕이며
강물에 내려앉네
간절한
몸놀림으로
더듬더듬 떠날 때

독액도 말라버린
꽃뱀도 똬리 풀고
기미를 알아챘나
황급히 허물 벗네
아찔한
찔레나무 숲
꽃이 터져 피범벅

똑바로 서 있어도
현기증 나는 오늘
버리고 가는 길이

이렇듯 무거운데
손 뻗어
어깨동무해
함께 갈 이 없구나!

제 3 부

가을 -그리움은 금빛으로 빛나

고구마

구포역 소화물 취급소
고구마 한 자루
노란 꼬리표에 매달린 안부

사돈댁 밭머리에 앉아
남빛 치마폭에
쓱쓱 문질러
건네던 고구마
핏줄 불거진 어머니 손등

고구마 자루 둘러메면
풋풋한 흙 내음에
눈물이 절로 돌고
하늘로 치솟는 시냇물
문득 다가와
툭툭 어깨 치는 정겨운 음성
-객지서 고생 많체, 쪼께 참그라.

추석 전야

보름달 반절로 접어
헛바람은 밀어내며
고단한 객고 이겨서
한 줌 가득 채워 넣고
서러움 배재기될까
야무지게 다지는 송편

청솔잎 씹으며
등 굽은 산을 본다
맨손을 움켰다 펴면
꿈틀대는 강줄기
외발로 훌쩍 뛰어서
그대 품에 안기고파

고향 가는 길

미명의 맞기슭에
어둠 삭혀 젖은 바람
한달음에
넘어온 산맥
굽이굽이 도는 구름
핏발 선
끈끈한 햇살
내 이마를 쪼아대고

쏟아 부서질 듯
햇살 내린 동구 밖에
꽃뱀도 살이 트는
진득거리던 흙 내음
응어리 풀어헤치면
진한 정이 흐를 텐데

허물어진 강과 들
둘러쳐진 산과 골
겹겹으로 동여매도

속살 시린 앞가슴
치솟은
빌딩 사이에
걸려있는 먼 하늘

황구지천 풍경

쇠비름
낮게 엎드린
긴 활주로
누렇게 익은
벼메뚜기
한 마리
까딱까딱 졸고

비상활주로
그 밑으로
흐르는
강줄기
들풀을 흔드는
요란한
팬텀기 소리

저녁해
걸머지고
뚜벅뚜벅

둑길 걸어오시는
아버지
그 발자국에
묻어나는 붉은 세월

아뿔싸!

길 아닌 길을 가다
길 잃고 허둥댄다
어디든 어디에고
이골 난 바이지만
내 사랑
오랜 내 주님
둘러봐도 없구나

또 다른 길을 찾아
발길이 닿는 대로
미로를 더듬듯이
세상 길 돌았지만
아직도
다 못한 그 말
입가에만 맴돌고

뒤늦게 잡은 데가
아뿔싸 낭떠러지
사는 게 그렇다고

말로야 쉽지마는
사랑해
그 말보다 더
쑥스럽긴 매일반

산에 들다

피는 꽃 훑어낸 손
벌 받아 결린 어깨
잠이 든 그 틈에도
터지는 우렛소리
핏빛의
꽃숭어리들
메아리로 잠든 곳

꿀벌들 윙윙대듯
시끌벅적 다가와
그립다 내색 않고
복선 슬몃 깐 문장
뒤끝도
만만치 않아
힘줄 섰다 기린 목

어제를 더듬어도
가리새 잡지 못해
지는 해 보내면서

달빛에 몸 섞을 때
세상사
탈이 많아도
산에 들면 고요뿐

을숙도

완전히 변해버렸어
자꾸만 밀려나 사각거리는 갈대숲
콘크리트 제방 위로 내려앉던
철새들도 두리번거리다가
떠밀려 내려온 조각난 추억들 데리고
맥없이 자맥질하고 있었어
무심한 강물만
쉴 새 없이 토악질해 대는
거대한 하구언 수문
을숙도는 완전히 기력을 잃었어
뼈와 살을 비벼대는 갈대 소리마저
우울하게 들렸어.

새벽시장

강원도의 산골길을 돌고 돌아
전라도의 벌판을 가로질러서
어둠을 깨워 달려와서는
고단한 짐을 푸는 새벽
힘에 부친 생활도
무시 뿌리처럼
배추 포기 같이
온몸으로 버티는 것
떠밀리고 눌리어서
새우등이 되어버린
아지매의 등허리
쓰러지려야 쓰러질 자리도 없는
여기는 새벽시장

쌈밥

장작개비 얼기설기 밀어 넣고
마른 솔잎 긁어모아
별똥별 같은 성냥불 긋네
활활 타오르는 매운 연기
울컥 우리네 과거 눈물로 나온다네

마른 솔가지 밀어 넣네
울먹거리다가 끝내는
왈칵 밀고 나오는 불길
흠칫 놀라 엉덩방아 찧기도 한다네
가마솥 뚜껑도 깜짝 놀라 들썩거리고
오랜 눈물 끝에
고슬고슬한 밥은 된다네

가끔은 가난했던 구식 방식으로
밥 지어 먹고 싶네
채소밭 알찬 배추 한 포기 쩍 갈라서
우물가에서 대강대강 헹구어
뒤란 장독 잘 익은 된장 듬뿍 퍼다가

아귀처럼 입 크게 벌리며
맛있게 먹고 싶네, 배추쌈

손바닥을 보면서

하늘 곳곳에 떼 지어 밀려다니는 구름
두 팔 벌려 맥맥히 끌어당기는 깊은 강
마늘 냄새, 쑥 냄새 서린
온통 초록으로 물든 벌판으로
하얀 나비처럼 떠난 세월
지금은 어디쯤에서 흐르고 있는가

세상 뒤편을 돌고 돌면서
막혔던 강의 맥을 찾으려고
까칠한 손바닥의 손금을 보면
싸하게 저리는 아릿한 아픔
하얀 나비 떼가 훨훨 날아오른다
꿈틀거리는 한반도의 산하가 보인다

시대의 지평 끝에서 끝까지
울분과 목멘 통곡 안으로 접으며
강물 속 깊이 흐르는 만남의 날
기다려 기다려라! 하지 마시라!
밀어 밀어버려라! 해서 큰일 났잖아!

하나가 둘일 수 없고
둘이 서로 갈라설 수 없는 우리는 하나
메마른 가슴팍에 회오리치는 바람
삼천리 강토에 무더기로 피고 지는
산꽃, 들꽃들의 낙원
너와 내가 마주한 바로 이 자리
사람과 사람이 만나 어깨 비비는
여기 이곳이 우리들의 낙원이다.

단풍나무

시커먼 고무밴드로
억센 철삿줄로
친친 동여맨
준공검사용 단풍나무
굴착기 삽날에
대롱대롱 매달려
옮겨지고 있다

때는 이미
늦가을인데
올해는 매달린 잎사귀
단풍 들긴 어렵겠다
반쯤은 이미
단풍 들었는데
아파트 신축공사 현장
이 낯선 곳에서
낯가림 없이
잘 크기나 할는지
괜한
걱정부터 앞선다.

뜬소문

거대한 산이 산으로
온전하게 남을 수 있는 것은
갈 데까지 가라고 밀어 올리는
밑동의 힘 아니겠느냐?

잠든 그 틈에도
슬그머니 고개 쳐들고
음흉한 웃음으로
뒤로 숨어 피고
잠시만이라도
모른 체 등 돌리면
비죽비죽 고개 내밀며
금방 지는 그 꽃숭어리들

말도 아닌 뜬소문들이
밑동을 친친 휘감으며
기 쓰고 밀어 올리는
꽃도 잎도 아닌
그들만의 꿈

쓰르라미

쓰르라미
한 마리
보도블록 위에서 죽어
엎어져 있구나

일용할 양식 물고
종 종종
뒷걸음치는
개미 떼

또 다시
쓰르라미
울어대는
하오

오늘은
웬일인지
한 잎 나뭇잎도
귀 세우지 않는구나!

그리움은 금빛으로 빛나

맑은 물 흐르는 샛강에서
모래에 섞인 사금 가루 걸러내는
촘촘한 구멍의 가는 체
내 그리움도
이처럼 걸러내면
저런 금빛으로 빛날까?

제
4
부

겨울 -깊어진 지구 한구석

지금부터 시작이다

터널을 지나갈 때는

터널

우리끼리 나누는 대화

고양이

물고기들의 행진

사랑의 빛

꽃이 아름답다는 것을

사랑의 집

연리지

날씨 예보

가부좌 튼 은행나무 -마애삼존불

설날도 이월이면 좋겠네

봄이 오는 소리

지금부터 다시 시작이다

웬일일까?
어스름이 서서히 밀려올 때
이쪽에서 저쪽으로
저쪽에서 이쪽으로
샛강을 후려치며 기차가 지나가는
순간,
말라죽은 줄 알았던 담쟁이들이
지난해 못 올랐던 레일을 향해
철교의 옹벽을 타고 기 쓰며 오르면서
아우성친다

벌써
시월의 끝자락
내일이면 새로운 계절이 시작된다
그렇다
지금부터 다시 시작하는 거다.

터널을 지나갈 때는

찌든 하늘 내려앉은 산맥 중턱에
빼꼼히 뚫려있는
터널을 지나갈 때는
쌍라이트 잠시 끄세요
조심조심 액셀러레이터를 밟으며
앞뒤 적당한 간격을 유지하고
너무 서두르지 마세요
길은 분명 똑바로 나 있습니다

보이지요, 저 소리
자만은 절대금물
힘살 튼튼한 안전벨트의 확실한 포박
단어와 단어
문장과 문장 사이의 이음매
너무 믿지 마세요

갑자기 달려드는 저쪽 햇발
악머구리 끓는 듯한 분분한 여론
아차 하면 큰일 납니다

백 번을 강조해도 지나치지 않은
당신의 안전제일
필생 지켜야 할 당신의
문운을 빕니다

터널

뻥
뚫린
긴
터널
거침없이 달리면
팽팽하게
긴장한 바람

덜컹
덜컥
소리가 빛을 내는
터널 안
쏜살같이 빠져나왔지만
뒤로 밀려 우는
그 아우성

우리끼리 나누는 대화

하루가 열리는 새벽
피곤함 속에서 눈을 뜨면
스마트폰부터 확인하지요

살아있음에 고맙고
터놓고 소통할 수 있는
사람들과 만남이라서
이 또한 행복이지요

그들과의 만남은
소소하지만, 함께 나누며
친구라는 굴레 안에서
서로 힘들고 지칠 때
진심으로 격려해 주고
서로의 마음을 이어주는
우리만의 달란트니까요

행복은 스스로 만들어 가는 것
너무 큰 것에 매달리기보다는

소소한 것에서 기쁨을 찾으면서
우리끼리 나누는
그렇고 그런 시시한 이야기

그 누구를 탓하지도
원망도 하지 않고
스스로 반성하며
서로 믿고 응원해 주며
이렇게 함께 웃고 즐기면서
희망의 에너지를 나눌 수 있으니
이만한 기쁨
그 어느 세상에 있겠어요.

고양이

이미 길을 건넌 어미 고양이가 뒤따르다 쳐진 새끼들에게 앞발을 들어 정지신호를 보낸다 그 찰라, 육중한 덤프트럭이 방지턱도 무시하고 덜컹거리며 전력으로 질주해 지나갔다 새끼들은 그 자리에서 굳은 듯이 몸을 옹그려 납작 엎드렸다 바퀴와 바퀴는 고양이와 고양이가 멈춘 가운데 사이로 정확하게 지나갔다

모두 무사하신가
하늘에서 측은하게 내려다보고 있는
금빛 태양
엉거주춤 모로 누운 담장
쥐똥나무 울타리
그곳에서 새끼 친 고양이들
먹다 버린 햄버거 한쪽을
걸신들린 듯 핥아먹고 있다

요즘 고양이는 쥐를 제일 무서워한다 쥐똥나무 아래에 있는 고양이 집으로 무시로 출몰하는 쥐 때문에 고양이는 이사라도 가야 할 형편이다 새끼들도 쥐를 보면 깜짝 놀라 도망치다가 다치기도 한다 어미가 등허리 구부리고 꼬리까지 바짝 쳐들었건만 쥐는 먹다 남은 햄버거를

물고 유유히 달아났다 아파트 주민들이 무상으로 제공하는 개 사료는 이제 비둘기들의 몫이 됐다. 비둘기 때문에 또 고양이는 불안하다 오늘도 안심하고 살 집을 알아보려고 끼니까지 거르며 동네 한 바퀴 돌고 있는 어미 고양이만 바빠졌다.

물고기들의 행진

어깨를 맞대고 가파른 상류로 거슬러 올라가는 물고기들처럼
오늘도 쉴 틈을 주지 않는 끝 못 볼 싸움
단 한 번도 나란히 올라간 적 없이 앞서거니 뒤서거니
밤을 새운 물고기들이 불쾌해진 눈을 번득거리며 올라간다
언제까지나 가만히 기다리고만 있을 수는 없었다
끝내 벌떡 일어나게 만들며 내리쏟아지는 폭포 물소리
살고 죽는 일조차 맘대로 되지 않는 세상이다
살아남기 위해 죽기 살기로 덤벼드는 용감무쌍한 물고기들의 행진
물길을 우아하게 거슬러 올라가며 뱉어내는 그 숨비소리
숨을 들이켜고 뱉는 그들의 물질도 더욱 빨라졌다
물고기들이 머금었다가 게워 낸 물인데도 2급 청정수란다
지구 한구석이 이렇게 깊어져 높은 하늘까지 그득 담긴
여기는 심곡천 시민의 강

사랑의 빛

세상에서 가장 파란빛이 무엇인지 알겠니?
동쪽 바다 앞에 가서 가슴을 쭉 펴고
숨을 크게 들이마셔 봐.
너희들이 다 마시지 못하고 남긴
깊은 바닷속 빛이 제일 파랗지.

세상에서 가장 빨간빛은 무엇인지 알겠니?
남쪽 바다에 내려가서 눈을 크게 뜨고
열심히 관찰해 봐.
너희들이 미처 보지 못한 사이에
뚝!
떨어지는 동백 꽃잎이 제일 빨갛지.

세상에서 가장 노란빛이 무엇인지 알겠니?
서쪽 바다로 넘어가는 금빛 태양을
맘껏 끌어당겨 봐.
너희들이 힘에 부치어 놓친 햇살
그 저물녘 노을이 제일 노랗지.

그럼, 세상에서 가장 밝은 빛은 무엇인지 알겠니?
너희들이 마주 보며 활짝 웃는 눈빛
넘어진 동생의 흙먼지를 털어주던 손끝
너희들이 즐겨 읽는 책 속에 들어찬
그 빛이 제일 밝은 빛이지.

꽃이 아름답다는 것을

꽃이 아름답다는 것을
너는 알고 있겠지
빛을 남긴 사람들처럼
땅속에 묻혔어도
뿌리가 나고, 잎이 돋고
꽃이 피고, 씨앗이 생기는
꽃에 대해서 곰곰이 생각해 보렴

이제라도
꼭 필요한 영양분은 가리지 말고
빨아들여야 한단다
알맞은 햇빛
알맞은 바람
알맞은 비는
스스로 만들어 가는 것이란다

빨간 장미꽃만이 아름다운 것이 아니고
외진 곳의 들꽃들도
얼마나 사랑받고 있는지를 생각하렴

아무 때나 아무렇게나
피고 지는 꽃은
쉬 잊힌다는 것도 기억하렴

아름다움으로 사랑받는 꽃은
저 스스로 아름다움을
소중히 여김과 아름다워지고자 하는
욕심을 갖고 있음을
너는 알고 있겠지?

사랑의 집

삼백예순 날 문 닫는 날 없이
단 하루도 비어있지 않은
누구라도 차별하지 않고
행복할 때나 곤궁할 때나
굶주리거나 병들었을 때나
근심과 두려움이 많아지고
슬픔의 죄 속에 있을 때도
어제와 똑같이 오늘도 반겨주는
내 삶을 지탱해 주던 사랑의 집

스스로 크는 나무는 없지
혼자 크는 나무 같아도
함께 살아가는 주변 잡초들까지
서로 도움 주고받으며 사는 거지
서로 돕지 않으면
서로가 살 수 없나니
이미 오신 하나님처럼
아주 오래전부터
나를 온전히 살게 하는 사랑의 집

연리지

길 아닌 길로 가면
맵찬 바람 맞듯이
보내고 후회함은 사람 짓 아니었네
우듬지
한 뼘 더 크는
아픔 뒤 오는 또 아픔

또 다른 길을 찾아
발길이 닿는 대로
미로를 더듬듯이 세상 길 돌고 돌아
실핏줄
꼭뒤로 솟네
되살아난 피돌기

뒤늦게 잡은 데가
아뿔싸 낭떠러지
문장 걸린 행간마다 귀띔해 준 그 한마디
사랑해
그 말에 취해
한데 엉켜 한 평생이렇게

날씨 예보

요즘 대기권은 이상 기압골의 영향을 받고 있는가
서로서로 약속을 의심해야 하고
내 얘기 남 얘기하듯 간절함도 없고
남 얘기 내 얘기처럼 쉽게 내뱉는 세상
오늘 날씨는 오늘이 지나 봐야 알고
내일 날씨 또한 더더욱 모를 일이지만
한 점의 오류도 허용되지 않는
컴퓨터의 명령어에 위축되어
힘의 균형도 겹질려 나부라지고
캡슐 약의 신통력에 덜미 잡혀
가까스로 버티어지는 모진 목숨
바위처럼 산 같이 꽁하니 무게 잡다가
경주 끝난 마권처럼 모멸 차게 구겨지는 오늘
소낙비라도 거세게 쏟아져 내리면 좋으련만
신문의 특호 대문자 고딕 활자도
방송도
잡지도
예전처럼 가슴에 와 흐르지 않는다
멘델 선생도 몰랐을 거야

아인슈타인 선생도
헤겔 선생도
터진 종량제 봉투 같은
인간의 생각으로 도저히 상상할 수 없는
요즘 같은 기이한 현상들은 미처 몰랐을 거야
청석골에 들어가 임꺽정 씨를 만나볼까
율도국으로 건너가 홍길동 씨에게 물어볼까.

가부좌 튼 은행나무

-마애삼존불

어머, 이 꽃 봐!
더께 쌓인
바윗등 타고
허벅지 벅벅 긁으며
봄볕 쬐며
내숭 떠는 민들레
꼬드기고 있구나

면벽하고
가부좌 튼
오래된 은행나무
부챗살로 눈 가리고
보고도 못 본 체
나무아미타불, 합장

간질밥 먹이지 마!
자꾸 웃음 나오려고 그래

설날도 이월이면 좋겠네

갓밝이에 반지하 인력센터 들어서니
수족관 열대어가 반갑게 다가오다가
손바닥 물집에 놀라
돌 틈으로 숨는다
날씨도 다락같이 추워진 2월이다
일거리 얻지 못해 등골 휜 떠돌이들
냄비 안 개구리처럼
숨 참으며 보는 눈치
공사는 끝물이라 조수는 쓸모없고
설날이 낼모렌데 답답하긴 도긴개긴

믿을 손 소장뿐인데

이빨 빠진 뒷배일 뿐

내일 또 보자는데 내 일이 생겨날까

기다림도 내공이니 한두 번 이월했나

장부에 찍힌 일수는

가까스로 열 점뿐

봄이 오는 소리

세상은 고무풍선
점점 커지고 있습니다
그 세상은 한겨울
밤은 깊어 가고 있습니다
실가지의 흰 눈은 내 마음
눈길에 발자국들도 사라지고 있습니다
파란 고무풍선은 더 이상 커질 수가 없습니다
그 파란 하늘가에 달이 떠오릅니다
차갑고 메마른 바람이 다가옵니다
실가지가 파르르 떨립니다
하얗게
하얗게
흰 눈이 흩날립니다
들어요
들어봐요
바람에 우는 소리
소리 없이 몸부림치는 이내 모습
달은 희미하게 기울고
실가지에 흰 눈도 모두 쓸리우는데
이제는 거센 바람도 자겠지요.

산문

나의 시와 삶 이야기

- 경암 이원규의 문학 인생 40년

나의 시와 삶 이야기

-경암 이원규의 문학 인생 40년

▲1974년 일기장 표지

■ 프롤로그 Prologue

어느새 '무엇이든 하고 싶은 대로 하여도 법도에 어긋나지 않았다' 는 종심從心, 일흔 살이 되었다.

지금까지 문학 인생을 살아오면서 즐거워하고 때론 괴로워했던 지난날들을 이제야 되돌아 본다.

내 40년 문학 인생 일기장의 내용은 각종 문예지, 언론 · 방송사 등을 통해 발표된 사실에 근거하여 작성되었음도 밝힌다. 혹시라도 저와 함께 활동했었는데, 자신이 했던 중요한 사항이 누락되었다거나 섭섭한 부분이 있다면 언제라도 말씀해 주시기를 바란다. 향후 다른 지면을 통해서 발표할 기회가 다시 오면 조목조목 올바르게 정리해서 투명하게 밝히겠다. 인심이 날로 사나워지는 무서운 세상이라서 역사까지도 왜곡하기도 하니 말이다. 나는 오늘도 꽃줄기 밀어 올리는 뿌리의 근성으로 쉬지 않고 비망록을 작성하듯 쓴다. 이것 외에는 다른 재주가 아무 것도 없다.

1. 평택고등학교 문예부 시절

학창 시절부터 나름대로 열심히 글을 써보려고 했으나, 식구 중에 경제활동을 할 나이가 된 식구는 나와 여동생뿐이었던 시절이었다. 내가 고등학교 1학년 때, 서른아홉의 아버지가 중풍을 맞았다. 가족의 생계를 위해 어머니 혼자 묘목밭에서 김매기를 하거나 날품팔이로 생계를 유지하던 어렵던 시절이었다. 나도 새벽 4시에 일어나 수림연탄 옆에 있는 한국일보 지국에서 신문을 돌리고, 친구네 집 두부 공장의 두부까지 배달한 후 평택으로 기차 통학을 했었다. (1971년 11월 14일부터 공군에 입대하기 전인 1974년 2월 26일 화요일까지는 하루도 빼먹지 않고 단 한 줄이라도 일기를 썼다.)

- 1971년 11월 14일 일요일

일요일은 평일보다 바쁘다. 금자가 수원에 올라가고 어머님께서 내려오셔서 빨래도 하시고 김치도 만드셨다. 일요일에는 집안일을 해야 한다. 리어카에 벼 가마를 싣고 방앗간에 가서 벼를 찧고 왕겨를 퍼 날랐다. 아버님께서 수원에서 오시면 왕겨를 듬뿍 때서 방을 뜨끈하게 해드려야 하기 때문이다. 짚 동가리 옆에 왕겨가 수북이 쌓였다. 일을 끝마친 홀가분한 마음, 보람을 느꼈다.

- 1971년 11월 15일 월요일

외조부님으로부터 편지가 왔다. 「그간 적조하여 궁금 막심하나 가지도 못하고 날마다 민망한 생각만 들더니, 일전에 서울 너의 작은 외숙 편지가 와서 너를 만났다는 소식을 듣고 또 이번에 너의 편지가 와서 그간 경과의 소식은 알았으나 계속 차차로 효과를 보는지 갑갑하기 한없다. 너와 너의 동생은 여전 통학하며 몸에 별고나 없느냐. 가을일이 처지더라도 너무나 갑갑한 생각 말고 너의 부친 병환에 열중하도록 너의 모친 위로하고, 그간 병세 동정 여하를 보아 반가운 소식 기다리며 이만 그친다.」

앞으로 자주 편지 해 드려야겠다.

▲아버지와 어머니의 단란했던 옛모습.

- 1971년 11월 16일 화요일

아버님 병환이 차차 회복된다는 내용으로 답장을 해 드렸다. 어느 때는 편지를 못 해 드려서 외조부님께서 먼저 보내주시기 때문에.

- 1972년 12월 30일 토요일

벌써 내일이면 한 해를 마감해야 한다.

다시금 무엇인가를 알았고, 내일을 보람되게 열기 위해서는 오늘을 알아야 한다는 것을 알았다. 저녁때쯤 호주머니를 뒤지다 보니 내가 낙서했던 종이쪽지가 나왔다.

소리〔聲〕

날은 이미 어두워졌다. P 역 근처의 우시장을 지나 초라한 집 앞을 지나치려던 내 발길은 멈추어졌다.

"죽어라, 죽어!"

여자의 앙칼진 음성이 들려왔다. 희미한 불빛이 흘러나오는 틈 사이로 나는 무의식중에 그들을 관찰하고 있었다. 낯설지 않은 얼굴들이다.

나는 그들이 열차의 장사치라는 것을 직감할 수 있었다. 털 스웨터를 걸친 뚱뚱한 여자가 조그만 녀석을 붙들고 때리며 온갖 욕설을 퍼붓고 있었다. 그리고 그 또래의 어린 녀석들이 불빛을 둘러싸고 앉아 있는데, 그들의 표정은 한결같이 어두웠다. 그 비곗덩어리 같은 여자는 몹시 화가 나서 녀석에게 달려들어 울며 쓰러지는 녀석을 세차게 때리는 것이었다. 나는 견딜 수 없는 심정을 억지로 달래며 녀석의 비명을 뒤로 듣고 발길을 돌렸다.

- 1972년 12월 31일 일요일

계절이 바뀌는 소리

눈이 오고 비바람 거센
모진 날을 이기고
우리 웃으며 살아보자

달도 없고 별도 없는 깊은 밤에
불러도 대답 없어 울었습니다

얼었던 가지도 녹아

새싹이 쏘옥 쏙 솟는구나
우리도 슬픔 잊고
비좁은 땅에서라도
개미 같이 일하여
꿀벌 같이 살아보자

어머님!
험한 고개 넘고 거친 물결 속에서
고운 손 갈라지시고
고운 얼굴에 주름이 더하였군요
잠 못 이루시는 어머님께 무슨 선물 드리오리까

오늘도 별빛 마주하며
들녘에 나서면
온통 흙투성이
그러나
우리가 모두
푸릇푸릇한 벼포기에 마음을 주면
마음에 근심인들 있겠습니까

시뻘건 눈알 굴리며 달려드는
슬픔 멀리하고
우리가 설 땅을 찾아야지요

동산에 달이
두둥실 떠올랐는데
우린 슬픔 배웠어라
그러나 울지 않으리

나약한 마음의 눈물로써는
물레방아를 돌릴 수 없기에

들녘이 한껏 누르니
보람된 계절
열매 하나하나마다
비바람 이겨낸 흔적

어제를 알고
또
오늘을 알았으니
내일,
내일의 태양일랑
웃으며 맞도록 하자.

-임자년(壬子年)을 보내면서

- 1973년 2월 14일 수요일

학교신문을 낸단다. 반가운 소식이다. 우리 학교에서는 교지도 몇 년에 한 번 정도밖에 내지 않았었다.

- 1973년 2월 17일 토요일

너무나 용기가 없었다. 며칠 전부터 이혜화 선생님을 뵙고 학교신문 편집에 관해 알아보려고 교무실 앞까지 다가섰다가도 들어가지 못하고 되돌아오곤 했다.

오늘은 토요일. 기회를 놓치면 안 된다. 꼭 들어가겠다고 생각하고 유리창 너머로 안을 들여다보니 선생님께서는 외출 중이셨다. 할 수 없어 도서실에서 책을 보다가 한참 후에 다시 가보았으나 역시 계시지 않았다. 힘없이 버즘나무 숲길을 지나 교문을 나서는데, 이범구 선생님께서 몇 권의 책을 한 손에 드시고 퇴근하시는 중이셨다. 용기를 내서 선생님 옆으로 걸으며, 내가 첫 말을 꺼냈다.

"선생님! 학교신문을 만든다는데, 원고는 많이 모이는가요?"

"응! 지금 모이는 중이야."

나는 다른 날과는 다른 길로 걸었다. 선생님과 함께 걸으며 얘기할 것이 많기 때문이었다. 천천히 걷는 길에는 봄비가 안개처럼 내렸다.

"학교신문을 만드는데 학생들도 있나요?"

내 질문에 이혜화 선생님께서 지도하시고, 학생회장 김장기와 하두철, 최수홍 등이 일하고 있단다.

천천히 걸었는데도 무척 빨랐다. 선생님과 두 갈래 길에서 헤어져야 했다. 내가 인사를 하니까 아쉬운 듯이, 월요일에 교무실로 다시 와 보란다. 이혜화 선생님께 잘 말씀드려 주신단다. 감사하는 마음으로 역으로 왔다. 월요일에는 내 뜻을 밝혀야겠다.

- 1973년 2월 19일 월요일

둘째 교시가 끝난 후 교무실로 갔다. 그러나 편집위원은 이미 정해져 있단다. 그리고 많은 애들이 편집해 보겠다고 온단다. 하여튼 연락해 주겠다고 하시며 기다리란다.

수업이 다 끝나고 도서실에서 책을 보았으나 마음이 안정되지 않았다. 같이 있던 남상열과 이종식이 내가 일어서자 어딜 가려 하느냐고 묻는데, 잠깐 어디 좀 다녀오겠다고 말하고 나왔다.

교무실 앞에서 여러 번 망설였다. 용기를 내서 들어섰다. 그 말을 또

꺼내자, 옆자리를 가리키며 앉아보란다. 나와 이혜화 선생님의 대화를 앞자리에 앉아계시던 김윤주 선생님께서 듣고는 "편집부장이라도 해 먹으려고 그러니?" 하시며 농을 거신다.

선생님께서는 백지 한 장과 사정회에 관한 자료를 내어주시며 기사를 만들어 보란다.

조금 후에 설명을 들으면서 편집하는 것을 보았다. 하두철과 김용한도 있었다. 많은 것을 배웠다. 역시 흥미로웠다. 그렇게 하다 보니 시간이 무척 흘렀다. 9시 반쯤에 선생님께서는 책상을 정리하셨다.

버스정류장에 와보니, 이미 차는 끊어졌단다. 쑥고개까지 합승을 타고 와서 물어보니, 마지막 한 대가 있으니 기다리란다. 있다는 말에 무척 반가웠다. 기다려 타고 왔다.

- 1973년 2월 23일 금요일

봄방학이다.

담임선생님께 급우들의 정성으로 선물을 해드렸다. 이번 인사이동으로 허만수 선생님은 강원도로 가시게 되었고, 임채완 선생님과 담임인 김종주 선생님은 우리 학교에서 5년 이상 근속하셨기 때문에 어쩌면 다른 학교로 가시게 될 것 같다. 마지막으로 종례하시면서 무척 섭섭해하신다.

바람이 불고 무척 추웠다. 수원으로 침을 맞으러 가신 아버님을 마중 나가서 오래도록 기다렸는데도 안 오시길래 잠시 들어와 앉아있었는데, 대문을 여는 소리가 나서 밖을 내다보니 어머님과 함께 오셨다. 무척 반갑고 미안한 마음도 들었다. 조금만 더 참고 기다렸으면 하는 아쉬움마저 들었다. 자고 있던 동생들도 "엄마! 오셨다." 하니까, 일어나면서 "엄마, 엄마!" 하면서 좋아한다. 어머님께서 오시니까 방 안은

훨씬 밝고, 우리들 마음도 밝아지는 듯했다. 철없는 자식들과 아버님을 위해 식모 일도 마다하지 않으시니 그 은혜 더욱 뼈에 사무칩니다.

- 1973년 3월 12일 월요일

특활 부서를 정하는데 원래는 고전읽기반에 들어갔으나, 고전읽기반이 해체되는 바람에 문예반으로 들어갔다. 내 취미를 살려 큰마음으로 노력하리라.

- 1973년 4월 2일 월요일

오늘 국어 시간에는 여러 나라 시인의 시를 공부했다. 「바위」, 「생의 감각」은 우리나라 시인의 시다. 전 시간에 국어 선생님께서는 "다른 나라 시와 어깨를 나란히 한 우리나라의 시는 외워야 한다."라고 말씀하셨다. 틈틈이 눈여겨보고 어제 논두렁을 고치면서도 조금씩 외워 보았더니 쉽게 외워졌다.

오늘 국어 시간에 "외워 볼 사람?" 하는데 내가 일어서서 「바위」를 외웠다. 다른 아이들은 외워보지 않은 모양이다. 나 혼자뿐이다. 「바위」를 다 배우고 「생의 감각」을 배우기 전에 또 "외워볼 사람?" 하는데 아무도 없는 것 같다. 그것도 일어서서 외웠다. 수십 번 외워본 것이다. 잘 외워졌다. (앞으로는 유명 시를 모아 외울 정도로 읽어 볼 예정이다.) 국어 선생님께서는 내 이름을 적으시면서 국어 점수 5%로 올려주신다고 하셔서 모두 웃었다. 대학교를 졸업하시고 처음 교편을 잡았기 때문인지 무척 수업이 딱딱하다고 아이들은 불평을 많이 한다.

- 1973년 4월 30일 월요일

손현영이 어려운 처지에 있다는 것을 오늘에야 알았다. 도서실에 가면서 "납부금이 7,580원이지?" 하며 묻길래 "그렇다"고 무심코 대답해 주었는데, 반장인 선기가 현영이를 돕는데 협력해 달라 호소한다. 오늘까지 납부금을 내지 못하면 등교 정지가 된단다.

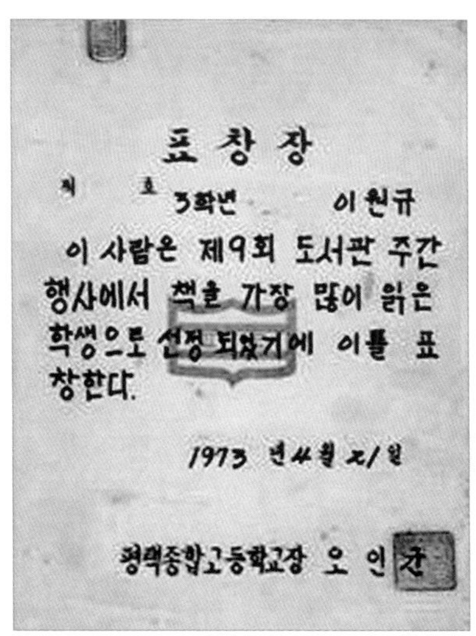

표 창 장

제 호 3학년 이원규

이 사람은 제9회 도서관 주간 행사에서 책을 가장 많이 읽은 학생으로 선정 되었기에 이를 표창한다.

1973 년 4월 21일

평택종합고등학교장 오 인 [illegible]

▲다독자 표창장.

현영이네 집안은 그의 어머니가 몸져누워 있기 때문에 무척 어려운 형편에 있단다. 그의 동생은 중학교를 자퇴하게 되었단다. 가슴을 찌르는 듯 아픈 마음이다.

우리 집의 처지와 너무나 흡사하다. 견학 갈 때 남은 돈 백 원을 냈다.

며칠 동안 「기차」라는 시를 썼다.

여러 번 검토해서 이혜화 선생님께 냈다.

우리 학교 신문 《소사벌》 창간호의 권두시다.

기차

- 3학년 이원규

긴 밤을 지나온

기차의 목쉰 기적소리에
녹빛 바람이 인다

오늘도 기차는 달린다
꿈틀거리는 생을 이끌고
용솟음치는 의욕의 외침으로
억센 계절의 시련 앞에서도
절대로 굽히지 않는
꿋꿋한 자세로
슬픈 노래 바람에 날리면서

긴 밤
나의 노래는
약한 바람에도 우는
작은 잎새
그 잎새에
녹빛 바람이 불어와
참 생을 알게 하다

우수로 얼룩진 나의 얼굴
미소로써 씻어주시던 내 어머니
뭇 설움 맴도는 계절과 계절에서
연륜처럼 쌓인
어머니의 시름이여
계절의 흐름 속에서
깊은 강 이루어 흐르거라

긴 밤

흐느끼던 잎새
뒤로 뒤로 밀려 울던
슬픈 이야기는

아예, 강물처럼 흘리고
태양을 안은 마음으로
앞으로 앞으로만 달려가
먼 훗날
-내 좁은 가슴속에도
절대 약하지 않은 태양이
안으로 타 흐르고 있었노라
외쳐주리니.

2. 공군 10전투비행단 시절

입대하기 전, 그러니까 고등학교 졸업 후 약 2개월 정도의 농한기를 이용하여(닷 마지기 논밖에 없었지만, 농번기에는 농사일해야 했음.) 자전거를 타고 정처 없이 전국으로 무전여행을 떠돌아다녔다. 이미 친구들은 대학으로 진학했거나 취업해서 직장에 다니던 그런 때였다. 외롭고 쓸쓸하고 이 세상천지에 나 혼자만 덩그러니 버려진 느낌이었다. 그때부터 시심詩心의 싹은 미약하지만, 하나둘 트기 시작했다. 별것도 아니었지만, 우리 동네와는 사뭇 다른 낯선 풍경들과 미처 느끼지 못했던 사람들의 사는 모습까지 종이쪽지에 빼곡하게 기록했다가 밤마다 일기장에 옮겼다. 지금도 그 일기장은 내 재산목록 1호로 보관 중이다.

▲휴가 나와 동생들과 기념 촬영.

대전 유성의 교육대에서 전투 기본훈련과 6개월의 직무교육을 수료하고, 자대인 수원 비행장(공군 제3591부대-10 전투비행단)으로 배속받았다. 직무교육 기간이 길어서 계급은 이등병이 아닌 이미 일등병이었다.

군대라고 해서 육군처럼 총을 메고 경계근무를 하거나 전투 훈련을 하는 게 아니다. 마치 사회에서 직장에 다니듯 9시에 샵(shop)에 내려가서 소속된 작업장에서 전투기 정비를 하고 저녁 6시면 퇴근하듯 내무반에 들어와 휴식하는 게 일과였다.

또래들보다는 3년이나 빨리 입대했기에 선배들과 군대 생활을 하게 되었다. 함께 있는 그들이 대부분 대학교 2~3학년쯤 다니다가 왔기에 학문적인 지식과 사회적인 경륜이 나보다는 상당히 앞서 있었다. 상황이 이렇다 보니 처음에는 내무반에서 그들과 자연스럽게 어울리기가 쉽지 않았다. 그들은 여유 있게 술을 마시고 담배까지 피웠지만, 나는 그때까지 그런 것을 입에 대지 못했던 때였다. 그래서 내무반에 들어오면 침상 구석에 쪼그리고 앉아 『소월 시집』부터 시작하여 책을 읽는 것으로 소일했다. 마음에 닿는 구절이 있는 시는 세필細筆로 필사하고 암기했다. 하루에 한두 편씩이지만, 명시와 명문장을 필사하고 암기하는 그 작업은 내가 제대할 때까지 계속되었다. 그때 읽고 썼던

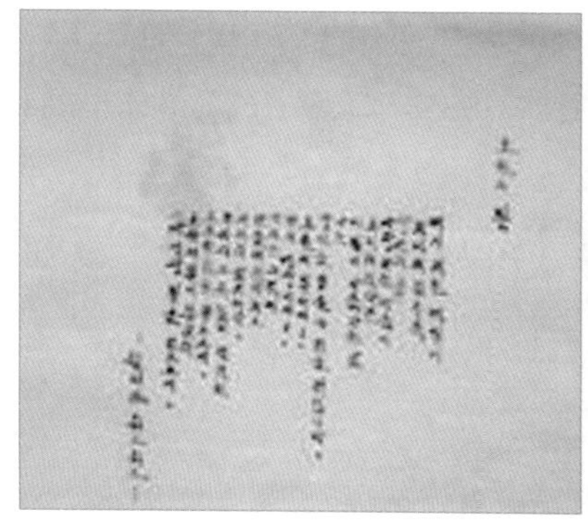

▲윌리엄 워즈워스「초원의 빛」세필細筆로 썼다.

▲명시 필사본 표지 · 1.

게 훗날에 글을 쓰는 데 상당히 도움이 되었다.

나는 통제관실 행정병이었다. 매직이나 G 펜으로 교육용 차드 글씨를 쓰고 삽화를 그리는 게 주 업무였다. 그러한 특기를 살려서 제대하는 선배들의 비망록을 만들어 주면 수고했다면서 용돈을 주기도 했다. 대부분 부유층이라 그런지 글은 안 써도 돈은 잘들 썼다. 서재를 정리하다 보니 사진과 같은 그 당시의 필사본 시집이 두 권 나왔다.

3. 안양근로문학회 시절

1977년 6월 30일, 공군으로 36개월간의 군 복무를 마쳤다. 7월 7일, 안양시 근교의 의왕에 있는 일양전기 총무과에 입사했다. 주 업무는 재형저축과 의료보험 그리고 산재 업무 담당이었다. 의료보험조합이 있는 건물에 김대규 시인은 상공회의소 진흥부장이었다. 그는 안양 사람이면 누구나 인정하는 안양의 향토 시인답게 그곳의 몇몇 문학회에서 후배들을 지도했는데, 안양근로문학회도 그중 하나였다.

1981년 안양근로문학회가 창립되어 조병화 시인에 이어 1982년 박범신 소설가를 초청 문학 강연도 했다. 1983년 『근로문학』 여름호 제4집에 나는 「탈출」 외 4편의 시를 난생처음 발표하고 드디어 시를 쓰게 되었다. 1984년 11월 17일, 대우중공업에 근무하던 박재성 회원을 주인공으로 우리들이 활동하는 모습이 KBS 2TV 〈사랑방 중계〉의 방송을 타기도 했다.

▲글길문학 제32집 출판기념회. 갈색 양복이 김대규 선생님.

1985년 박영환 회원이 회장이 되면서 나와 유영록 회원이 부회장, 노복임 회원은 총무를 맡았다. (20년이 지난 후 나도 2004년과 2005년에 24대, 25대 회장을 역임했다.) 동인 중 신춘희 시인은 2018년 동아일보 신춘문예에 시조가 당선되었다. 당선 후 상태가 좋지 않아 댁에 계시던 김대규 선생님을 함께 찾아뵙기도 했다. 연시조가 아닌 시조의 기본형인 단시조로 당선되어 더욱 의미가 깊었다.

알코올이 이끄는 대로

너무 멀리 와버렸다

내려야 할 정거장을
나는 자주 까먹었다.

날마다
다닌 이 길은

처음 보는 사막이었다.

-신준희, 「이중섭의 팔레트」 전문

4. 전국 젊은시 동인 부산 · 경상지역 회장 시절

1986년 봄, 나는 멀리 부산으로 직장을 옮기게 되었다. 사상공단에 금성사가 입주하면서 나는 일양전기 총무과를 떠나 금성사 현장직으로 지원했다. 쇠를 다루는 힘든 주물 일이었지만, 월급은 거의 두 배 정도가 많았다. 금성사 모터사업부는 대기업이라서 매월 사보도 나왔다. 금성사 사보 외에도 샘터, 새 농민, 한국인 등의 일반 잡지에 시와 산문을 투고해서 원고료로 받는 수입도 짭짤했다.

1987년부터 부산대학교 양왕용 교수가 이끄는 부산 크리스천문학가협회 회원이 되어 「그것은」 외 다수의 작품을 발표하며, 머나먼 객지에서 신앙과 봉사 그리고 주야 맞교대의 공장 생활을 했다.

1988년 4월 5일, 한국교육진흥연구소에서 발간한 『꿈꾸는 날의 노래』(엮은이 윤영창)에 「광복동 사람들」 외 2편의 시를 전국 단위의 문예지로는 맨 처음으로 발표했다.

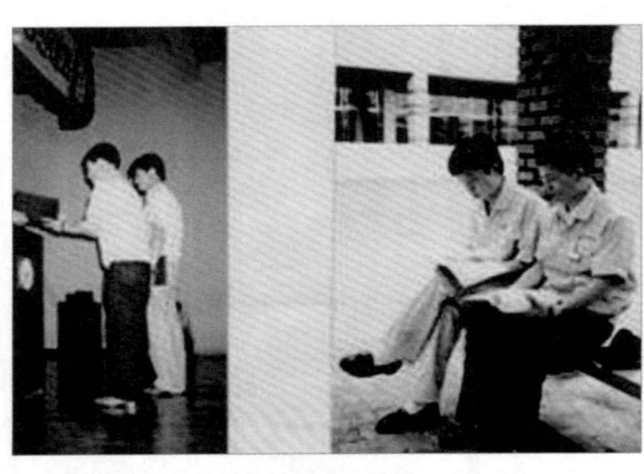
▲함께 발표했던 김영수 분임원과 함께.

1989년은 4월 27일, 조장이던 나는 무지개 분임조 구호 '무한한 가능성을 지혜와 용기로서 개선의 선봉되는 무지개' 를 힘차게 외치며, 「Body(보디)류 파손 방지로 불량 감소」라는 주제로 품질관리분임조 경진대회에 도전해 사내 1등, 9월 27일 부산상공회의소 대강당에서 열린 부산지역대회에서도 금상을 받았다. 마지막 11월 2일, 서울의 세종문화회관에서 열린 전국대회에서 드디어 금상을 받았다. 금성사 창립 이래 최초의 쾌거였다. 발표했던 우리를 본사로 부른 구자경 회장님께서 격려금도 듬뿍 주셨다. 우리는 회장님을 만나기 위해 깨끗하게 작업복을 빨아 다림질로 줄까지 세워 각을 잡고, 안전화도 왁스를 잔뜩 칠해 얼굴이 비칠 정도로 반짝거리게 닦았다. 부산 촌놈 셋이 서울 남대문에 있는 본사 사옥 앞을 활보하는데, 회사 작업복을 입고 다니는 사람은 우리 셋밖에 없었다.

1990년 3월 25일, 서울 종로구 동숭동 시문화회관에서 권태현, 김영승, 김완준, 원희석(1998년 8월 19일 작고) 시인 등 시나무 동인이 스

포츠신문에 광고까지 내서 젊은시 동인을 결성, 나는 부산·경상지역 회장을 맡아 주말마다 전국의 문학행사장이라면 어깨에 힘주고 다녔던 문학청년 시절이었다. 8월 25일,《금성모터사업부 소식》에 제법 긴 시 「숲속에서 바람에게」를 발표했다. 12월 16일, 책나무에서 발간된 첫 번째 젊은시 연합 동인지 『작은 점이 모여 선이 된다』에 「겨울 선풍기」외 2편을 발표했다. 출판기념회는 서울 한글회관에서 열렸다. 전국에서 모인 100여 명의 동인이 함께 한 꿈과 희망을 품었던 행사였다.

▲시인과의 대화를 마친 후. 장소 : 시인부락, 초청강사 : 강영환 시인.

1991년 『시와의식(발행인 소병학)』 봄호에 황명, 소한진 선생님의 심사로 「탈춤」외 3편으로 신인문학상을 받았다. 7월 20일, 나와 함께 활동하던 김영숙, 박미경, 여상길, 안미숙, 이수미, 한동섭, 황정애 동인은 부산·경상지역 동인시집 『걸어 다니는 나무(해성, 펴낸이 김성배)』를 출간했고, 나는 「바다는」 외 12편을 발표했다. 발문은 강영환 시인이 썼다.

촛불 앞에서

바람도 자는 그림자에
흔들리듯 어리는 뿌연 손자국
꿈과 어둠을 돌아
이마에 넘쳐 도는 달빛
입술에 바람 깨물고
시름 달래며 뇌는 말씀
-하늘처럼 살아라
-별빛처럼 살아라.

보내신 이 : 부산시 북구 삼락동 이원규

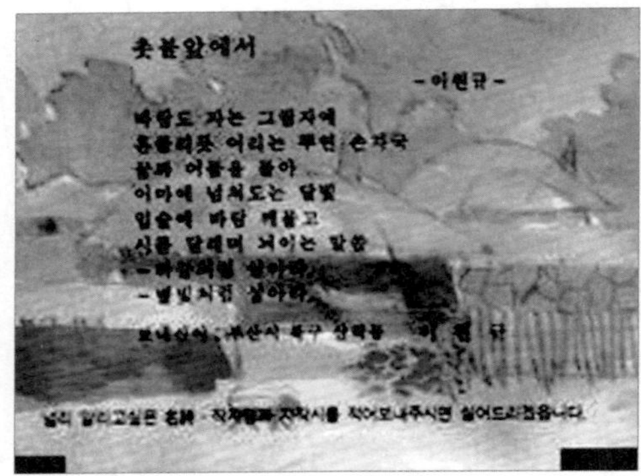

▲8월, 에뜨랑제 껌 종이에 내가 쓴 시 「촛불 앞에서」가 인쇄되어 시중에서 판매되었다.

9월 말, 부산 생활을 정리하고 고향 오산 집으로 올라오자마자 소설가 지망생이던 심인섭 후배와 의기투합하여 청학동에 있는 시립도서관에서 살다시피 하며 신춘문예 공모전에 마치 목숨이라도 건 사람처럼 매달렸다.

5. 오산문인협회 2대 지부장 시절

1992년 3월, 나는 한국방송통신대학교 농학과를 마치고, 제대로 문학 공부를 하고 싶어서 국어국문학과 2학년으로 편입했다. 6월 21일, 사단법인 오산문인협회 창립 행사가 뉴월드뷔페에서 열렸다. 초대 지부장에 조석구 시인, 사무국장은 박민순 수필가였으나, 몇 달 지난 어느 날, 최병기 시인과 함께 내게 찾아와 사무국장을 인계했다. 11월 24일, 오산시외버스터미널 옆 새시대예식장에서 윤수천 아동문학가를 초청하여 첫 문학의 밤 행사를 진행하고, 나는 장편의 시 「탈춤」을 발표했다.

12월 9일, 경인일보 신춘문예 원고 접수 마감 전날 밤, 심인섭과 나는 남촌지하도 입구 주점에서 늦은 밤까지 소주를 마셨다. 각자 원고를 바꿔서 읽고 덕담도 오가면서 잘나가는가 싶었는데, 갑자기 심인섭이 자신의 원고 복사지 뭉치를 들고 밖으로 나가더니, 지하도 아래로 휙 집어 던졌다. 무덥던 여름날부터 힘들게 썼던 피땀 어린 원고였다. 술김에 모 선생 욕을 해서 '그러면 안 된다' 라고 했을 뿐인데, 그날 밤은 둘 다 술이 떡이 되어 각자 집으로 비틀거리며 돌아갔다. 다음 날 새벽, 나는 잠에서 깨자마자 냉수 한 사발을 벌컥벌컥 단숨에 마시고 남촌지하도로 내려갔다. 하얀 작품 원고 복사지가 사방으로 흩어져 있었다. 주섬주섬 한 장씩 챙겨 집으로 가져와서 순서대로 쪽을 맞추었다. 두 장은 자동차 바퀴가 지나간 자국이 있었지만, 나머지는 온전했다. 물행주로 바퀴 자국을 조심스럽게 닦아내고, 서류 봉투에 담아 버스를 타고 경인일보 사옥으로 가서 내 작품과 함께 접수했다.

▲오산문단 창간호 표지. 홍사용과 박팔양의 생애와 문학 수록.

1993년 1월 1일, 경인일보 신춘문예에 심인섭의 그 소설 「평행사변형」이 당선되었다. 내가 응모한 시조 「귀향」 외 4편은 최종 2인까지 올랐으나, 박현덕 시인의 시를 당선작으로 뽑았다. 전년도 당선작이 시조라서 이번은 시 쪽이라는 정보까지는 미처 몰랐었다.

3월 10일, 조석구 지부장은 『오산문단』 창간호(282쪽)를 수원 동신출판사에서 발간했다. 나는 〈특집〉으로 책의 앞부분에 「홍사용과 박팔양의 생애와 문학」이라는 평론을 앞쪽에 넣고 시 「이조선비론」 외 4편을 발표했다.

12월 4일, 오산시외버스터미널 옆 새시대예식장에서 이계설(평택지부장) · 김태형(서울, 젊은시동인) 시인을 초청해서 강연도 듣는 내가 진행하는 두 번째 문학 행사를 진행했다.

12월 7일, 한국방송통신대학교(총장 장인숙) 제17회 방송대문학상 공모전에 응모했던 내 작품 「걸어 다니는 나무」가 당선되었다. 심사위원장은 신경림 시인이었다. 멀리서만 뵙던 선생님과 악수하고 단체 기념사진도 나란히 서서 찍었다. 머리에 포마드를 발라 잔뜩 힘주고 바바리코트까지 걸친 내 모습, 지금 보니 괜찮아(?) 보인다. 시상식이 끝난 후, 민영 선생님과 신경림 선생님을 모시고 함께 청진동 골목에서 시상금 일부를 털어 파전에 막걸리를 대접하며 신바람 났던 시절이었

▲방송대문학상을 받고 찍은 단체 사진.

다. (민영 선생님은 내가 부산에서 활동하던 시절에, 첫 시집을 내겠다고 원고를 들고 갔다가 "나중에 내라" 고 퇴짜를 놓으셨다. 그 이후로 아버지와 34년생 갑장이시라 편안하게 지금도 아버지라고 호칭한다. 노작 선생의 101주년 행사 때도 석우리까지 오셔서 격려해 주셨던 분이다. 지금 생각해 보니 거마비도 못 챙겨드렸던 것 같다. 에휴! 휘경동 선생님 댁에 내가 방문해서는 양주도 맘대로 꺼내먹고 잠도 공짜로 잤는데.)

1994년 7월 1일, 나는 오산문인협회 2대 지부장이 되었고, 부지부장 최병기 시인, 사무국장 신경애 시인이었다. 11월 30일, 『오산문단』 제2집(280쪽)을 내 이름으로 출판사 등록한 청솔에서 냈다. 나는「새롭게 하소서」외 4편의 시를 발표했다. 같은 날 나는 경기문화재단의 지원금을 받아 첫 시집 『나무가 자꾸 나를 나무란다』를 들꽃사랑(발행인 문창길)에서 발간했다. 작품 해설은 젊은시 동인의 막내 김태형 시인이 썼다.(김태형 시인은 현재 시 전문 문예지 계간 『청색종이』 발행인이다.) 이 당시, 나는 남촌의 옛집에서 김광기, 최병기. 한귀동 등과 함께 청솔출판사를 운영하며 몇 권의 다른 시인들 시집도 출간하고 시사 잡지 『오산저널』을 제작하여 관공서와 은행 등에 배포했다.

1995년 6월 3일, 오산시민회관 전시실에서 환경의 날 시낭송회 및 시화전을 개최했고, 8월 15일, 오산문인협회 월간 소식지 《새물터》 창간호를 사업하는 친구들에게 강압적으로 후원금을 받아 들꽃사랑에서 500부에 70만 원이나 들여 인쇄해 전국의 문인들에게 발송했다. 8월 15일, 오산시민의 날에 나는 경기도민상 문화예술 부문(경기도지사 이인제) 표창을 받았다. 10월 5일, 신경애 시인의 두 번째 시집 『높은 음자리표에서 낮은 음자리표까지』에 발문 「절망 혹은 희망을 위하여」를 썼다. 10월 15일, 《새물터》 2호를 발간했다. 11월 18일 21세기 기획단(단장 여운철)에서 「빗재 문화 쉼터 한마당」 행사를 개최했다. 장사익(태평소), 김광석(통기타), 유퉁(퍼포먼스) 등이 축제에 출연했고, 유태형 초대 민선 시장도 관심을 두었던 행사였다. 나는 행사 도록에 「김용문의 토우, 옹기의 세계」를 발표했다. (도예가 빗재 김용문은 현재 튀르키

▲오산문인협회 지부장 이취임식(왼쪽은 초대 지부장 조석구 시인).

예(터키) 앙카라 하제테페대 미술대학 교수로 수년째 활동하며 장작가마를 전 세계로 알리고 있다.

나도 김용문과 함께 2005년 7월 15일부터 22일까지 장작가마페스티벌에 학예연구원 자격으로 중국 치박박물관과 공자묘 등을 둘러보고 왔었다.)

▲중국 곡부시에서 이령 선전부장 김용문 도예가 곽홍찬 금속도예장.

12월 16일, 오산시에서 지원하는 지원금 80만 원은 문화원을 통해 수령하라는 말에 내가 자존심을 내세우며 반납했다. 그 이후로 내 임기 중에는 오산시에서 1원 한 푼 안 받았다. 그래서 『오산문단』 제3집(366쪽)을 낼 제작비를 마련하기 위해 동분서주하던 중, 당시 금탑산업훈장을 수상했던 우수 향토기업 이화다이야몬드(주)를 찾아가서 취지를 설명하니 거금 200만 원을 후원하여 청솔출판사에서 제법 두툼하게 만들었다. 나는 「바다에서」 외 3편을 실었다. 12월 15일, 《새물터》 3호를 발간했다.

1996년 2월 1일, 홍승갑 시인이 운영하는 식당 신라정에서 모임을 하고 오산문학회 동인지 『오산문학 제21호, 매홀어머니회 『매홀문예』 창간호와 오산문인협회 『오산문단』 제3집을 끝으로 3개 단체를 통합했다. 드디어 오산문단이 아닌 『오산문학』으로 오산문인협회의 기관지로 출간하게 되었다.(윤철순 회장의 후임으로 백규현 시인이 회장

▲초대 오산시 유태형 민선시장과 함께.

이 된 오산문학동우회가 오산문학회로 명칭을 바꾸고 동인지도 『오산문학』으로 발간하고 있었다.) 내 임기 중 가장 흐뭇하고 잘한 일이라면 이것을 내세우고 싶다.

3월 4일, 『오산시사』 편찬위원으로 위촉(오산시장 유태형)되었다. 이때 나는 이미 발간사까지 미리 다 써놓고 준비하던 때였다. 그러나 불행하게도 유태형 시장이 갑자기 세상을 뜨는 바람에 계획했던 모든 일들이 물거품이 되었다. 이후 엉뚱한 사람들이 주도권을 잡게 되었고 나는 자연스럽게 밀려났다.

4월 21일, 오산문인협회 회원들과 안성시 청룡사, 청류재(대표 김유신 시인), 미리내 성지. 조병화문학관을 돌아오는 문학기행을 다녀왔다.

7월 3일(음력 5월 18일), 30여 년간 중풍으로 고생하신 내 아버지가 경희한방의료원에서 세상을 뜨셨다. 아버지는 군대에서 제대한 후 병을 얻기 전 서른아홉까지 닷 마지기의 농사를 지으시면서 그 짧은 기간에 비누 장사, 생선 장사, 소 장사와 연탄공장, 벽돌공장 등에서 일하셨다. 182센티미터의 큰 키에 100킬로그램 안팎의 체중을 유지한 힘만큼은 누구에게 밀리지 않으신 천하장사이셨다.

이번 명절에도 또 못 올라간다고

▲아버지(이 정廷자 귀貴자)

그저 인사만 드리려던 것인데,
그래도

고마워! 고마워!

그 말씀만 하시더니….
-「아버지께」 전문

7월, 한국문인협회 발행 『월간문학』 7월호에 「금빛 그림자」 외 1편을 발표했다. 〈노작 홍사용 시인〉을 알리기 위해 본문 중에 '* 표 부분은 「백조는 흐르는데 별 하나 나 하나」에서 인용' 이라고 밝혔다. 11월 7일 〈문학의 해 기념 문학의 밤〉을 한남상호신용금고 문화공간에서 광명문인협회 지부장인 김남웅 소설가를 초청해서 진행했다. 11월 16일 제호를 『오산문학』으로 바꿔 1996년호(224쪽)를 청솔(발행인 이원규)에서 찍었다. 제호 글씨는 오산에서 늘빛서예학원을 운영하는 늘빛 김경욱 서예가의 필체이다.

1997년 1월 1일, 나는 2년 6개월간의 2대 지부장직을 마치고, 3대 지부장은 정원택, 부지부장 박민순 · 신경애, 성백원 사무국장이 이어받았다. 5월 5일, 내가 운영하는 청솔에서 나온 『오산문학』 1997년 봄호(222쪽)에 나는 「나이 사십에」 외 2편의 시와 평론 「삶의 역정과 실천적 탐색」을 발표했고, 12월 31일, 『오산문학』 1997년 겨울호(346쪽)는 출판사 명칭을 바꾼 새물터에서 나왔으며 나는 「호박을 썰며」 외 4편의 시를 발표했다. (나는 IMF 시국에 겁도 없이 거액의 은행 빚을 얻어, 옛집을 허물고 방 24칸의 새물터 원룸을 지었다. 〈새물터〉는 '새로운 물이 흐르는 땅' 이라는 뜻이라면서 신경애 시인이 지어준 건물 명칭이다.)

집을 육십 척쯤 높게 올리다 보니
동네 말 많은 아저씨들 눈초리가 심상찮다.
작년에 땅 사더니
무슨 돈이 또 생겨 집을 짓는지
비자금이라도 굴러왔을 성싶은가 보다.
버들가지 손에 쥐고
이곳저곳 심각하게 짚어 보았다.
술에 취한 배 씨가 지나가다가
"지금 뭐 하냐, 원기야?"
재차 삼차 물었는데도
'정신일도 하사불성精神一到何事不成'
버들가지 부여잡고
땅바닥만 멍하니 쳐다보았다.
"사람이, 있다고 얕보지 말어."
배 씨야 뭐라고 지껄이건 말건
마음은 땅속 깊숙이 수맥에 닿아 있었다.
"에이! 시팔, 나도 명년엔 집질 껴."
버들가지 축 늘어지고
맨발로 선 땅 밑이 훈훈한 온기가 돈다.
분명 이곳이 수맥이로구나.
백회 가루 한 줌 뿌려 표시를 해 두었다.
이상하다는 듯 강 씨 아저씨가 다가와서 물었다.

"이게 뭔 표시야?"
"수맥이요, 수맥."
"에이, 이 사람아, 이쪽은 하수구여, 수챗구멍이란 말이여."
강 씨가 혀를 차며 뒤돌아섰다.

-「수맥 찾기」 전문

6. 경기도문인협회 사무국장 시절

1998년 3월 23일, 3호까지 발간하고 중단했던 오산문인협회 소식지 《새물터(발행인 이원규)》를 4호로 복간했다. 3월 27일, 광명시민회관에서 경기도문인협회 김남웅 지회장은 나를 제3대 사무국장으로 임명했다. (이후 김건중 지회장이 연임한 4대와 5대까지 9년 동안 경기도문인협회 사무국장으로 이상정 사무차장과 함께 일했다.) 4월 27일, 김대규(안양), 정원택(오산), 지현숙(화성) 지부장을 안내하여 경기도문인협회 사무국장이었던 나는 〈노작 홍사용 선생〉의 묘소를 참배했고, 《새물터》 5호를 발행했다. 4월 30일 오산문화원에서 발행하는 《오산문화》 제7호에 시 「거머리」를 발표했다. 5월 25일, 《새물터》 6호를 발행했다. 6월 19일, 정원택 오산지부장이 숙환으로 별세했다. 6월 29일, 《새물터》 7호에 수필 촌평 「치밀한 작전과 뛰어난 용병술-김옥환의 작품을 읽고」와 독후감으로 「김건중 장편소설 『무너지는 시간』을 읽고」를 발표했다. 7월 24일, 우리 집 새물터 거실에서 있었던 모임에서 4대 지부장은 한국문인협회에 회원으로 등록이 된 신경애 시인이 잔여 임기를 맡기로 했다. 7월 27일, 새물터》 호에 시「먹줄」,「못줍기」와 경기문화재단 창단 1주년 기념 세미나 참관기 「경기문화재단 21 세미나」를 게재했다. 나는 7월, 경기도 노동문화예술제 문학 부문 심사위원으로 위촉되었고, 8월 31일, 새물터로 유관진 오산시장 초청하여 간담회를 열었고, 《새물터》 9호를 발행했다. 9월 28일, 《새물터》 10호에 시 「기마전」 외 1편과 독후감으로 이계설 제4시집 『한반도를 적시는 고구려의 숨결』을 읽고 쓴 「아, 고구려」 그리고 고 원희석 시인 추모 시 낭송회와 내가 강사로 나가는 〈주부 독서회 문학 특강〉을 안내했다. 9월 28일부터 오산시립도서관에서 주부 독서회 문학 특강을 매월 둘째, 넷째 목요일에 꾸준히 진행했고, 동탄면사무소 근처에 있는 사회복지법인 경산재단 사랑밭재활원(원장 최재명)의 교육 강사로 봉사했다. 또한 한국사립문고협회(이사장 신동석 목사)의 이사로 활동하며 전국 곳곳에 작은도서관 만들기와 도서보내기운동을 시작했다. 10월 26일, 《새물터》 11호를 발행했다. 10월 30일, 젊은시 동인 시집 제6집 『작은 흔들림까지도』에 「수맥찾기」 등 시 12편을 발표했다. 10월 31일, 오산대학교 운동장에서 오산시에서는 최초로 제19회 경기도 백일장을 유치하여 진행했다. 11월 11일, 나는 제2시집 『은행을 털다』를 들꽃사랑(발행인 문창길)에서 발간했다. 11월 30일, 월간 소식지 《새물터》에 시 「맹장수술」을 발표하고 12호로 종간되었고, 이후 《향함》으로 제호를 바꾸어 오산문인협회에서 발행했다. 12월 15일, 신경애 지부장은 『오산문학』 제9집(322쪽)을 새물터 출판사에서 발간했다. 나는 「김남주를 아시나요」 외 3편의 시와 추모시 「잃어버린 계절」을 발표했다.

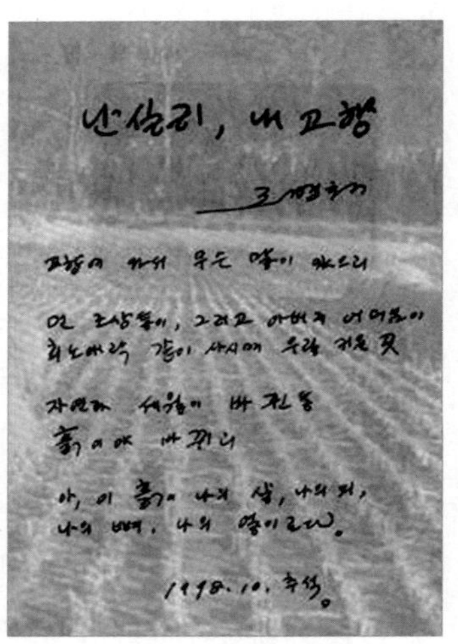

▲조병화 선생님의 즉석 친필 시.

12월 19일, 내가 편집을 책임졌던 『경기문학』 제24집에 시 「경제가 아픈 것」을 발표했다. 표지는 오산시 대호밭 빗재가마의 장작가마 사진으로 장식했다. 조병화 선생님의 「난실리, 내 고향」이라는 친필 시를 추석에 이상정 사무차장의 자가용을 타고 안성 난실리 편운재를 방문해서 '김대규 시인의 제자입니다.' 라고 하면서 즉석에서 쓰신 작품을 수록하며 의욕이 하늘 높은 줄 모르고 충만했던 시절이었다.

1999년 1월, 나는 경기예총(회장 정규호)에서 발간하는 《경기예술》 편집주간으로 선임됐다. 5월 7일, 신경애, 이영옥 시인과 함께 서강대 김학동 교수 댁을 방문하여 〈노작 홍사용 선생〉의 전집을 발간하겠다는 계획을 설명하고, 〈노작〉의 미발표 수필 「향상」 원고 초록을 받아왔다. 7월 8일, 오산시 원동 태영아파트에 거주하는 노작 선생의 장자 홍규선 옹 댁을 홍승갑, 김의식, 박후원 등과 방문하여 인터뷰했더니, 책과 결혼사진 등 유품 보따리를 내게 넘겨주시었다.(그 자료들을 경기문화재단에 근무하던 후배 최춘일 작가의 도움으로 슬라이드 필름으로 찍어 저장해 놓았다.) 이때부터 본격적인 노작의 재조명 사업이 시작됐다. 7월 24일 김의식 시집 『박꽃』이 소반뫼(발행인 김광기)에서 나왔고, 내가 작품 해설 「장자적 삶의 방식과 그리움의 은유법」을 썼다. 8월 20일, 문예창작 『시혼』 제2집에 「중원 네거리에서」 외 6편을 발표했다. 9월 15일, 오산시종합운동장에서 경기도 관내 문인단체와 오산 문인 개인 작품집과 문인협회 부천지부장인 민경남 시인이 소장하고 있던 한국문학 희귀본을 전시했다.

10월 16일, 〈젊은시〉 동인시집 · 7 『그리움 긴 눈빛으로』에 「질경이 꽃」 외 11편을 발표했으며, 김광선, 윤임수, 배성환, 김영석 시인이 함께 참여했다. 11월, 〈노작 홍사용 탄생 100주년 기념 문학제〉를 기획

한 나는 「문화예술진흥지원금 신청서」를 작성해서 경기문화재단에 제출했다.

7. 노작 홍사용 탄생 100주년 기념문학제 추진 시절

2000년 5월, 경기문화재단에서 발간하는 《기전문화예술》 여름호에 김학동 서강대 명예교수는 「노작의 생애와 문학」, 내가 「토월회와 노작의 연극시대」를 발표했다. 6월 3일, 문화예술촌쟁이골(촌장 김명훈)에서 열린 제4회 단봉예술제에서 경기문인 시낭송회를 추진하고 〈노작 홍사용 탄생 100주년 기념 문학제〉를 홍보하였다. 나는 낭송집에 시 「신대륙을 찾아서」를 발표했다. 6월 17일과 18일 양일간 내가 사무국장을 맡고 있던 한국문인협회 경기도지회(지회장 김남웅)가 주최하고 오산(지부장 성백원) · 화성지부(지부장 지현숙)가 공동 주관하여 〈노작 홍사용 탄생 100주년 기념 문학제〉를 오산대학교 강당에서 성대하게 개최했다. 극단 완자무늬의 김경수 배우의 일인극과 박프로덕션(대표 박후원)에서 제작한 노작의 일대기를 담은 다큐멘터리 「조선인은 조선을 알아야 한다」 동영상이 상영되었다. 나는 동영상의 기획과 각본을 썼다. 내래이터는 김계영 MBC 아나운서가 무료로 재능기부했다. 이날 문학제에 참석한 강성구 국회의원, 유관진 오산시장, 우호태 화성군수는 매년 지속적인 문학제 개최를 희망했다. 특히 문인이기도 한 우호태 군수는 〈노작문학상〉 제정 의사도 밝혔다.

내가 3년 동안 꾸준히 자료를 수집해서 『홍사용 전집』도 새롭게 발간했다. 물론 김진식 경기문인협회 초대 지회장께서 내게 주신 시와 산문집 『나는 왕이로소이다(1976년, 근역서재)』와 김학동 서강대 명

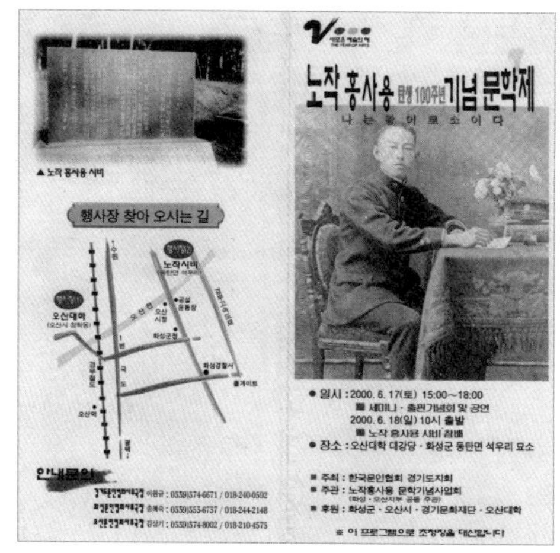

▲노작 홍사용 탄생 100주년 기념문학제.

예교수께서 주신 『홍사용 전집(1985년, 새문사)』은 더없이 귀한 자료들이었다. 그 책들을 저본으로, 내가 수집했던 자료들을 합해서 뿌리와 날개(발행인 강경중)에서 경기도 · 경기문화재단의 지원금을 받아 발간했다. 「나는 왕이로소이다」, 「봄은 가더이다」 등 시 32편, 평론 「시대에 남긴 여화」 등 2편 「잡저」 2편과 「작가 연보」, 「작품 연보」, 「화보」 등으로 다채롭게 360쪽 분량을 나 혼자 타이핑하여 넘겼다. 홍신선 교수는 세 사람의 이름을 넣자고 제안했는데, 나와 함께 갔던 화성시의 모 시인이 우리들 이름 대신 〈노작문학기념사업회〉 명의로 하자고 했다. 지금 생각하면 내가 그렇게 고생해서 만들었는데, 왜 이름을 넣지 않았는지 후회가 되는 대목이다. 어찌 됐든 그런 사유로 편저자 이름이 없는 희귀한 책이 되어 버렸다. 그래도 그 전집은 타라북스로 출판사 명칭을 바꾸어 2쇄를 찍어 문화관광부의 「2000년 우수추천도서」로 선정되었다. 나는 이 전집을 발간하기 위해 서울 국립중앙도서관, 국회도서관, 서지전문정보센터, 신문사 등을 방문해 자료를 수집하고 비교 분석했다. 10월 25일, 나는 노작 홍사용 선생의 일대기- 『백조가 흐르던 시대』를 경기문화재단 지원으로 대영기획에서 편집 · 기획해 새물터출판사에서 발간했다. 노작의 시비와 표징, 표석의 사진과 설명, 휘문고보 때의 성적표와 가계도표, 문필활동과 시대적 배경 그리고 부록으로 『청구가곡』 시조 106수의 필사본도 영인 작업하고 동영상 시나리오도 수록했다. 합동 수필집 『청산백운』은 정백이 1920년대 초반부터 사회주의자로 전향하여 공개되지 못하고 있었다. 1969년 『현대시학』 7월호에 김구용의 해설과 함께 노작의 작품 부분만 공개되었던 것을 내가 그 정백의 작품까지 최초로 전편 공개했다.

▲청산백운 옹기접시전.

2000년 12월 20일부터 2001년 1월 16일까지 오산에 있는 빗재가마에서 오산 출신 김용문 도예가는 노작 선생의 시를 새겨 빚은 작품들을 서울 종로구 인사동 토아트와 수원미술전시관(관장 서효선)에서 장기간 청산백운 옹기접시전이라는 명칭으로 열었다. 개막 행사는 김영훈 MBC 성우와 김계영 MBC 아나운서가 수고해 주었다. 나는 빗재 김용문의 작품 도록에 「노작 홍사용의 삶과 민족문학」을 수록했다. 시인으로 등단도 했고, 서로 호형호제하며 지내던 우호태 화성군수에게 건의하여 10월, 뒤늦게나마 제7회 화성군 문화상 문예진흥 부문 수상자로 노작 홍사용 선생을 선정하여 추서했다. 노작의 장자 홍규선 옹과 자부 그리고 손자 홍승준, 증손자 등과 함께 시상식장에 참석하여 기념사진도 함께 찍었다.

8. 노작 홍사용 문학기념사업회 석우리 추진 시절

지금은 해체되었지만, 오산시에서 활동하던 문학동인 〈녹수청산〉은 누가 시키지 않았어도 스스로 노작 선생의 묘소 벌초도 하고, 올라가는 산길도 다듬고 배수로도 냈다. 참여 동인은 김의식, 박현진, 박연근, 홍승갑 그리고 나였다. 행사가 끝날 때까지 궂은일을 마다하지 않고 하던 동인들이다. 빗재 김용문 도예가의 기록사진은 박영근 사진작가(전에 내가 서울병원에 근무할 때 내 직장 상사이기도 했다.)의 순수한 마음에서 우러난 자원봉사에 의한 것이다. 노작 선생의 일대기를 담은 다큐멘터리 동영상「조선인은 조선을 알아야 한다」는 내 중학교 동창이 운영하는 박프로덕션(대표 박후원)이 자비를 투자해 제작했다. 노작의 고향 농서리와 석우리, 휘문고등학교 등까지 직접 방문하여 촬영하고, 장자 홍규선 옹의 자택과 수원의 화성 그리고 석우리 등에서 들려주는 증언을 녹화했다. 나는 시나리오를 썼고, 내레이션은 김계영 아나운서가 무료로 재능기부해 주었다. 출연진은 홍옥희, 박상태, 김의식, 홍승갑, 홍규선, 홍신선, 박현진, 강대욱, 홍은선 남양홍씨 돌모루파 종친회장 등이다.「나는 왕아로소이다」시 낭송 녹화를 노작의 묘소 앞에서 진행했는데, 비행기 소음 때문에 몇 차례나 NG가 나서 촬영하는 박후원 대표나 김계영 아나

▲석우리 시절 내가 살면서 추진했던 노작 홍사용 기념관.

운서가 고생깨나 했었다.

2001년 4월 18일, 노작 선생의 묘소 근처에 있는 한옥 50여 평과 밭 500여 평을 노작 선생의 일가친척인 문민수, 홍승원, 홍옥희 가족이 신도시 공사가 시작될 때까지 연구소로 활용하라면서 내게 무상으로 빌려줬다. 박윤호, 박경호, 김종광 씨 등 목수와 페인트공 후배들이 자원봉사로 나서서 전기공사, 페인트칠 작업, 무대 및 주차장 등을 설치했다. 가칭 〈노작문학기념사업회〉를 운영하기 시작했다. 〈지조 있는 민족 선비의 집-노작 홍사용 기념관〉이라는 대형 현수막을 벽에 내걸었다. 대청 입구는 〈백조가 흐르던 시대〉라고 현판을 걸고 서재를 만들었다.

2001년 5월 15일, 수원여고 1일 명예교사로 추천된 나는 노작 홍사용 시인의 일대기를 담은 다큐멘터리 동영상 「조선인은 조선을 알아야 한다」를 방영하며 강연했다. 수원여고 출신 원로 탤런트 여운계(2009년 5월 22일 타계), 후에 수원시장이 된 김용서 수원시의회 의장 등도 참석했었다. 5월 18일, 경기도문인협회의 시 낭송 · 문학 강좌를 기획하여 한국문예진흥원으로부터 지원받아 수원시 방화수류정 인근에서 행사를 추진했고, 제1회 지역문학 전국 시 · 도 교류대회 추진위원(이사장 황하택)이 되었고, 빗재가마 도예연구소에서 실시하는 세계장작가마페스티벌에 나는 학예연구원으로 활동했다.

6월 15일, 소식지 『청산백운』을 대영기획(대표 이대숙)에서 출간하여 홍보용으로 내가 아는 전국 문학단체와 문인들에게 우편으로 발송했다.

7월 7일, 〈노작 홍사용 문학 기념관 개관〉을 겸한 〈노작 탄생 101주년 추모문학제〉에서 민영(작가회의 고문)의 회고사, 김지원(남양주

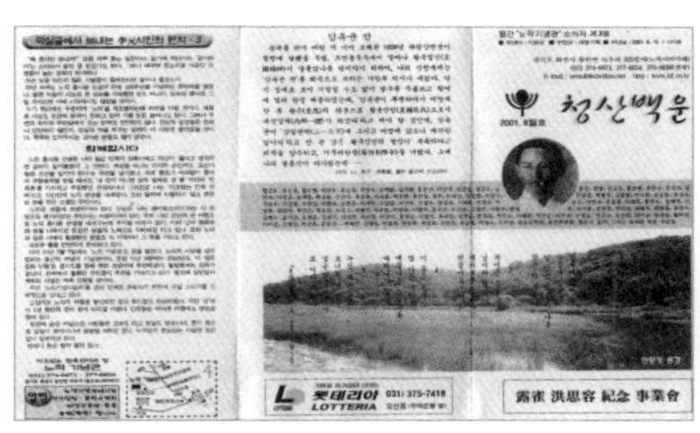

청산백운

2001. 6월호

롯데리아 031) 375-7418

LOTTERIA

露雀 洪思容 紀念 事業會

▲월간 노작기념관 소식지.

▲노작 홍사용 문학기념관 개관.

견성암 주지)의 축원기도, 한규용(바리톤)의 뮤지컬 〈나는 왕이로소이다〉 공연 및 박후원 제작의 「조선인은 조선을 알아야 한다」는 다큐멘터리 동영상을 방영했다. 추진 전에 홍규선 옹께 취지를 설명했더니, 수고한다면서 금일봉(현금 20만 원)까지 내게 주셨는데, 갑자기 유족 측이 불참하는 불상사가 생겼지만, 정규호(예총 경기도지회장), 김건중(경기도문인협회 회장), 유동준(나혜석기념사업회 회장), 이인영(용인문화원장), 김성열(극단 성 대표), 홍은선(남양홍씨 돌모루파 종친회장)과 홍승우 총무 그리고 한옥과 텃밭을 빌려준 문민수, 홍승원, 홍옥희 씨와 민경남(경기도문인협회 부회장), 김종경(용인문학 회장), 유경석(용인연극협회 사무국장), 송재범(의왕문인협회 회장), 한경섭(대영기획 대표), 윤임수(젊은시동인 회장), 고일영(닐스문화원 원장), 고미례(화성오산신문 기자), 김우영(수원시청), 이달호(수원시청), 박병두(수원문인협회), 설환(용인문인협회), 지현숙 화성문인협회 회장과 황금모, 류순자, 정인자 님과 성백원(오산문인협회 회장과 정희순, 이영옥, 홍승갑, 박민순, 김의식, 박연근 소설가와 김진식 은혜꽃방 대표도 참석했다. 이상정 경기도문인협회 사무차장과 수원여고 이수현, 이새롬 학생들은 추모행사의 시작과 끝까지 손님들을 안내하며 부지런하게 자원봉사 활동했다.

▲제13회 경기예술대상 문학부문 수상.

행사 종료 후 나는 유족 측의 요구대로 노작 선생과 관련한 모든 일에서 깔끔하게 손을 뗐다. 그러나 8월, 불교신문(발행인 서정대)의 이성수 기자가 나를 찾아와 함께 오산시에 거주하는 노작의 장자 홍규선 옹을 찾아 뵙고 취재하게 안내하여 〈불교의 문화인물 · 47〉로 노작 선생의 기사가 나왔다. 11월 한겨레신문 문학 · 역사기행팀이 노작의 묘소와 기념관을 방문하여 취재에 응해줬다. 그 후에도 이경원(조국통일 범민족 연합 사무국장), 윤한택(기전문화재연구원), 홍일선(전, 작가회의 사무국장), 김난희(한겨레신문 문화부 기자) 등 50여 명이 방문했다. 12월 화성문인협회(회장 정인자)는 『화성문학』 11집에 특집으로 홍신선 교수의 「홍사용의 인간과 문학」을 발표했다. 12월 14일, 나는 경기예총 주관 제13회 경기예술대상(문학부문)을 받았다. 12월 26일, 용인문인협회(회장 김종경)는 『용인문학』 제4호에 〈노작 홍사용 탄생 100주년 기념, 생가를 찾아

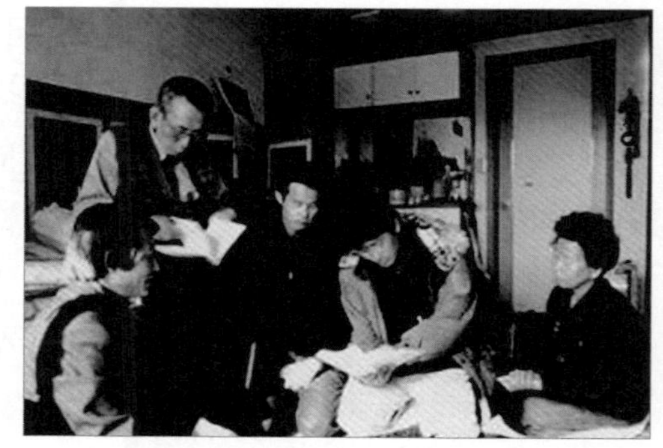
▲극단 〈성城〉 표수훈 단원 등과 노작 선생의 장자 홍규선 옹 방문.

서〉를 박숙현 용인신문 대표가 발표했다.

2002년 1월, 수원의 극단 성(대표 김성열)은 경기문화재단의 지원으로 뮤지컬 「나는 왕이로소이다」를 서울 국립극장 달오름 무대에 올렸다. 노작 역의 연극배우 표수훈을 비롯하여 손인찬, 박종일, 박은화, 나종민, 이양주, 김주완, 차수영, 손기홍, 김민영, 이은미, 한세라, 신효철, 임진수, 모정례, 정혜연 등이 출연했다. 2월 15일, 노작문학상 운영위원회(위원장 홍신선)는 안도현 시인을 제1회 〈노작문학상〉 수상자로 선정하여 한국문화예술진흥원 본관 강당에서 시상했다. 심사에는 황동규(시인 · 서울대), 김주연(평론가 · 숙명여대), 신경림(시인 · 동국대) 교수 등이었다. 7월, 극단 성(대표 김성열)은 제13회 거창국제연극제에서 노작의 희곡 「할미꽃」을 김성열 연출가가 각색 연출한 작품으로 최우수상을 받았다. 출연진은 유익상, 차수영, 원을미, 이은미, 정예원, 나종민, 표수훈, 조사현, 김영은, 최지수, 김현주 등이다. 7월 24일, 경기일보에 기고문 「예술은 아름다워」가 발표되었다. 7월 이후에도 홍사광(한국사회문제연구소 이사장), 정민호(경주예총 부회장), 임무정(시인), 윤순희, 김보린, 대전대, 수원대 문창과 학생들이 내가 운영하던 〈노작 홍사용 기념관〉에 방문했다.

8월 2일, 인천국제여객터미널에서 한국사립문고협회, 한국월드크리스신문사, 좋은이웃선교회 공동으로 〈중국조선족 학교에 사랑의 도서 보내기 전달식〉에 참석해서 1,800

▲중국 조선족학교에 사랑의 도서 보내기 전달식.

권의 도서를 중국 옌볜 화룡시 덕화진에서 남평소학교와 남평중학교를 운영하는 유연삼 선교사에게 600권, 선양 조선족소학교와 조선족중학교를 운영하는 김홍영 선교사에게 1,200권의 도서를 전달했다. 8월 9일, 안양시민신문에 칼럼「안양의 추억 ④ 술에 관한 기억 몇 조각」을 발표했다. 8월 12일, 경기일보에 기고문 「다정한 벗이 된 경기일보」를 발표했다. 8월 21일, 경기일보에 「독도는 우리 땅」을 발표했다. 9월 30일, 경기일보에 「아름다운 꿈」을 발표했다. 10월 9일, 경기일보에 「아름다운 한글을 위하여」를 발표했다.

11월 3일, 경기도 화성시 동탄면 석우리 일대가 신도시 개발로 철거에 들어가서 나 홀로 노작 선생의 산소 아래에서 집필실로 활용하던 한옥도 끝내는 비워주었다. 11월 21일, 국립중앙도서관 대강당에서 한국사립문고협회 5주년 기념대회를 갖고, 홍사광 총재와 김철수 상임고문 추대식을 했다. 이날 해외 수해지역에 사랑의 도서 전달식도 함께했다. 12월 7일, 오산대학교 교직원식당에서 오산문인협회 창립 10주년 기념식을 했다. 『오산문학(지부장 강한석)』 제13집에 나는「오산동 488번지」 외 4편의 시를 발표했다. 나는 경기도 문인협회 4대 사무국장으로 연임되었다. 12월 20일, 젊은시 동인 시집 제8집 『늦은 오후에 부는 바람』에 나는 「무스탕」 외 18편을 발표했으며, 윤임수, 김영석, 김광선 시인이 함께 참여했다. 12월 27일, 『글길문학』 제31집에 「황구지천 풍경」을 발표했다.

▲젊은시 동인 제8집 표지.

2003년 1월 22일, 경기일보에 기고문 「꿈과 희망의 경기예술을 위하여」가 게재되었다. 2월 1일, 《시사 노권타임즈》 논설위원으로 칼럼 「노인복지의 기본 틀은 무엇인가?」를 발표했다. 3월 12일, 경기일보에 기고문 「조병화 선생께 부치지 못한 편지」가 게재 되었다. 5월 1일, 부천교육박물관(관장 민경남)의 초대 학예연구실장이 된 나는 오산역에서 전철을 타고 부천시 소사역에서 내려 원미산 들레길로 해서 종합운동장까지 출근했다. 9월 15일, 오산문학 자매지 《향함》 제32호에 「편운재문학관은 귀중한 문화유산」을 발표했다.

9. 충북 음성 고심사/강원도 춘천 캠핑월드 시절

2004년 9월 7일, 오산 전통시장 입구 대원약국 골목 〈민지네 도배벽지 도매점〉에 시민무료득서실 〈학이시습지〉를 차려놓고, 10월 29일, 새물터문고 (신고등록 오산시 2004-3호)를 개관했다. 오산문화원에서 발간하는 《오산문화》 가을호에 〈우리 동네 오산 이야기〉를 기행수필로 쓴 「필봉산」을 발표했다.

11월 17일 가칭 〈지역예술제운영위원회〉 정관을 제정하고 〈2005 테마기행 예술제〉 개최 계획을 수립했다. 12월 29일, 제1회 오산 청소년문학상 심사위원장을 맡았다.

▲테마기행 예술제 개막 선언.

2005년 1월 1일, 나는 양재백, 김 민, 염동호와 함께 의기투합하여 오산문화탐사단을 발족했다. 5월, 《오산문화》 제39호에 〈우리 동네 이야기〉 연작 「가장동에서 벌음동까지」를 발표했다. 9월 24일, 나는 테마기행예술제 운영위원장으로 행사비 전액을 지원하여 남사초등학교 특설무대에서 〈생명, 우리 가락이 전하는 가을소리전〉를 개최했다. 1부 알림마당에서는 시화전, 야생화 사진전, 어린이 환경 그림전, 막사발 전시회, 도자기 물레 시연, 2부 어울림 마당에서는 벽화 그리기, 미술작품 전시, 봉숭아꽃 물들이기, 가훈 써주기 그리고 문학 강의가 있었고, 개막식과 무대공연 사회는 양재백, 서순석, 정윤경, 윤민희 시인이 맡아주었다. 나는 진행 프로그램 책자에 여는 글 「비운만큼 채워지는 행복한 하루」와 시 「질경이꽃」을 발표했다. 10월 18일, 내 명의로 법인으로 보는 단체로 수원세무서에 사업자 등록(124-82-67486)했으나, 행사 후 의견 충돌로 해체했다.

내가 무료로 운영하던 학이시습지 책방에 초등학생들이 인터뷰한다면서 방문했다. 그 내용 중 끝부분만 옮긴다.

18. 마지막으로 친구와 관계는 어떻게 지내는 것이 좋을까요?

답변 : 친구와의 관계에서 중요한 것은 대화라고 생각해요. 언제든지 대화로써 풀어 가고 대화로서 오래오래 간직하는 것이 중요하다고 생각해요.

〈인터뷰를 마치고 느낀 점〉

전현우 : 요새 자신 밖에 생각하는 사람이 많은데 그것에도 불구하고 책들을 공짜로 빌려 드리는 이원규 시인이 존경스럽다. 자신이 하는 일에 대하여 싫은 점은 없으시다고 하시는 게 신기하다. 일기를 매일 하루도 빠짐없이 쓰시는 것도 신기하다. 이원규 시인께서 권하시

는 책을 많이 읽고 일기도 많이 써야겠다.

최단비 : 이원규 시인을 만나 너무 기뻤다. 그리고 처음 만났을 때의 느낌은 너무 떨렸다. 그런데 계속 인터뷰를 하다 보니 편하게 대해 주시고 자상하게 말씀해 주셔서 마음이 놓였다. 문학에 대해 조금은 이해하는 시간이 되었다. 참 좋았다.

▲초등학생들과의 인터뷰.

지용선 : 학이시습지에 들어갔을 때 처음에는 좁고 오래된 것 같았다. 그런데 선생님의 말씀을 듣고 보니 이곳은 지혜와 지식의 바다같이 넓게 느껴졌다. 이원규 시인 분을 보고 나도 시를 일주일에 하나씩이라도 써야겠다고 느꼈다. 그리고 노작 홍사용이라는 유명한 분도 알게 되어서 기분이 좋았다. 또 학이시습지처럼 때때로 배우니 기분도 좋았다. 다음에 또 오고 싶다.

정소리 : 이원규 시인께서 질문에 대한 답변을 쉽게 풀어서 말씀해 주셔서 감사했다. 앞으로 기회가 온다면 한 번 다시 가보고 싶다.

요즘 아이들은 모두 바쁩니다. 초등학생인데도 얼마나 바쁜지 학교를 마치고 나면 아파트 놀이터에 노는 아이들이 거의 없지요. 이렇게 바쁜 아이들과 모처럼 뜻깊은 시간을 가졌습니다. 1시간 동안 자신들이 궁금한 것을 처음 보는 이원규 시인께 처음에는 긴장하여 서로 미루면서 떨면서 질문을 하였습니다. 시간이 지나면서 답변을 해 주시는 이원규 시인의 따뜻한 마음에 감응되어 마음속에 새로운 아름다운 다

짐과 기쁨을 새기는 뜻깊은 하루였습니다. 사람과 사람의 진심 어린 대화는 눈에 보이지 않지만, 언제나 따뜻한 마음이 서로 움직이는 걸 느끼게 합니다. 개구쟁이 녀석들을 자상하게 대해주시고 진지하게 답해주신 이원규 전 지부장님께 진심으로 감사드립니다. 또 뵙겠습니다. 건강하시고 행복하세요. (2004. 11. 29.)

2006년 새해 아침, 서정택 회원이 농민신문 신춘문예에 시조「휴대폰」이 당선되어, 나는 축하 현수막 8매를 제작해서 오산시 곳곳 도로변에 내걸었다. 오산시에서는 심인섭 소설가 이후 신춘문예 당선은 13년 만의 경사였다.

4월 1일, 나는 성산초등학교 제11기 학교운영위원으로 위촉되었다. 역사에 관한 특강을 요청받고 노작 홍사용 선생의 일대기를 강의했다. 노작 선생과 관련된 비디오테이프를 방영해서 어린이들이 흥미롭게 보았다.

8월 31일, 한국방송대 국어국문학과를 2학년으로 편입한 지 무려 14년 만에 드디어 졸업했다.

▲역사에 대하여 특강. 노작 홍사용 선생의 일대기 강의.

9월 1일, 경기일보 천자춘추 필진으로 선임되어 6개월간「땡감나무 아래 누워 꾸는 꿈」등 다수의 칼럼을 집필했다. 9월 9일, 충주 월악산유스호스텔에서 열린 경기도문인협회(회장 김건중) 심포지엄을 진행 후, 나는 9년간의 경기도문인협회 사무국장을 내려놓았다.

(나는 제4회 전국동시지방선거에 경기도의원 예비후보로 등록했으나, 공천받지 못했다. 소설가인 김국태 추계예대 교수의 추천으로 수년간 김근태 상임고문을 따르며 활동했으나 역부족이었다. 하지만 그 당시에는 한나라당이 싹쓸이했던 때라서 민주당 공천을 받았어도 낙선은 뻔했던 때였다. 불행 중 다행이라 생각했었다.)

2006년 가을부터 2007년은 충북 음성군 삼성면 고심사 밑에 있는 친구의 별장에서 세상과 모든 연락을 끊고 창작 작업에만 몰두했다.

2008년 3월 15일, 나는 방송대 경기지역대학 문예창작동아리 글타래의 지도강사가 되었다. 6월, 《오산문화》 제45호에 〈우리 동네 오산 이야기〉 연작 「바이올린 마을」을 발표했다. 10월 15일, 허효순 시집 『관계』의 작품 해설 「사소한 관계에서 감동의 관계로 돌아오는 진솔함」를 썼다.

▲경기도의원 홍보물.

2009년 1월 11일, 나는 2008학년도 방송대 경기지역대학 문예창작 활동을 결산한 글벗문학상 원고를 심사 후 심사평을 썼다. 2월 20일, 내가 지도강사로 있는 방송대 경기지역대학 문예창작동아리 글타래 동인지 창간호 『봄날의 기억』에 나는 「창작 강의록」 일부를 수록했다. 방송대 경기지역대학 『하고픈 글벗』 제27호 초대시 「못 줍기」, 「초읽기」 발표했다. 강원도 춘천시 동산면 조양리 366-28번지 임야 일부를 춘천지방법원 등기과에서 등기 완료했다.

2010년 10월 7일, 근로복지공단에서 실시한 제31회 근로자문화예술제의 소설 분야에 내 첫 소설 작품 「쪽잠」이 입선되었다. 방송대 경기지역대학 문예지 『하고픈 글벗』 제28호에 입학식 날 특강을 하며 발표했던 원고 「내 마음을 나보다 더 잘 아는 사람은 누구」를 수록했다.

▲방송대 경기지역대학 문예창작 글타래 강의.

12월 10일, 김용원 시집 『내 삶의 나무』에 이경암이라는 필명으로 발문 「한 노동자의 참삶 이야기」를 썼고, 2011년 1월 20일 출판기념회를 안양에서 열었다.

2011년 1월 10일, 제3시집 『밥 짓기』를 애플북스(발행인 김영희)에서 닐스영어학원 고일영 원장이 주도해서 출간했다. 10년 넘게 시집을 내지 못하고 있자, 고일영 닐스영어학원 원장 등 후배들이 십시일반 추렴해서 낸 시집이다. 표지 사진에 도예가 김용문의 막사발과 풍년압력밥솥을 넣었다.

▲춘천캠핑월드 시절 산길을 산책하며.

2012년 5월 19일 양길순 시집 『꽃의 연대기』의 작품평 「생활 속에서 찾아낸 생각의 진솔한 기록들」을 썼다.

2013년 여름부터 강원도 춘천시 서면 툇골길에 6만여 평 규모의 춘천캠핑월드 조성사업에 조경 담당으로 참여했다. 6월 4일, 닐스영어학원 고일영 원장이 주선해서 오산시 중앙도서관에서 주관하는 「어르신 자서전 쓰기 무료 강좌」강사로 7월 2일까지 남부종합사회복지관(관장 신건호)에서 강의했다. 강원도 춘천에서 오산까지 매주 화요일에 내려와서 강의하고 올라갔었다.

이때는 닐스문화원 고일영 원장과 함께 주로 정치인들의 자서전을 썼다. 3월 9일 꿈과 희망에서 나온 오산시의원을 지내고 시의회 의장이 된 최웅수 시의원의 『청년 최웅수의 꿈』을 비롯하여 남양주시 남혜경 시의원의 『왕따 의원 남혜경』을 책과나무에서 8월 2일 펴내고, 후에 경기도의원이 된 하남시 윤태길 시의원 등과 경제인, 경찰관 출신 등의 자서전을 썼다.

▲청년 최웅수의 꿈.

2014년 3월 25일, 김선우 시선집 『길에서 화두를 줍다』 시 평설을 거의 책 한 권 분량으로 길게 썼다. 7월 16일, 오산타임즈(발행인 조윤장) 창간호에 축시 「지역발전의 길라잡이 오산타임즈」를 발표했다. 12월 1일 《DNC(발행인 고일영)》에 시 「나사론」이 실렸다. 12월 29일 오산시인협회에 발간하는 『시혼詩魂』 제2호에 서정택 시인이 〈오산을 빛낸 시인을 찾아서〉 편에 「이제는 돌아와 거울 앞에선 누이처럼」이라는 소제목으로 내 작품에 관한 이야기를 썼다.

▲어르신들의 자서전 쓰기 무료 강좌.

2015년 5월 19일, 『시예문학』 제18집에 시 「개뿔」, 「늘 푸른 사철나무」를 발표했다. 10월부터 인터넷신문 뉴스타워(대표 조백현)의 문화부장으로 입사하여 칼럼 「이원규의 된걸음 세상」을 쓰기 시작했다. 11월 28일, 『오산시문학』 제7호 『당신이 있어 참 다행이다』에 작고 문인 재조명 「노작 홍사용 일대기-백조가 흐르던 시대」를 발표했다. 12월 20일, 『글길문학』 제43집에 평론으로 신준희 시인의 시 세계 「삶과 소통하며 길을 만나다」를 발표했다.

2016년 2월 4일, 주간지 뉴스타워에서 퇴사하고, 일간지 일간경기 사회2부장으로 입사하여 「경암 이원규의 된걸음 세상」칼럼을 연재했다. 2016년 2월 4일「설, 설, 설」을 시작으로 2018년 11월 26일「이게 첫눈이냐」까지 매주 1편씩 월요일 혹은 화요일에 모두 142편을 발표했다. 이 칼럼 중 108편을 한국예술인복지재단에서 창작지원금을 받아

2023년 3월 11일 산호초山好草(발행인 전호영)에서 발간했다. 340쪽. 나는 5월 31일부터 6월 3일까지 소방안전관리자 강습교육을 받고, 6월 3일 소방안전관리자 2급 시험에 합격했다. 수료식 날에는 한국소방안전협회장의 상장도 받았다.(2017년 3월 17일에 1급 소방안전관리자 자격도 합격했다.) 노후의 생계를 위해 동성직업전문학교에서 4개월간(2016년 3월 3일-7월 12일) 조경시공설계 직업능력개발훈련과정을 수료한 후, 7월 1일 한국산업인력공단 주관 조경기능사 국가기술자격증을 취득했다. 7월 27일, 위험물안전관리자격증을 취득한 후 11월 24일, 한국산업교육원에서 시행한 국가공인 빌딩경영관리사 자격증(산업통상자원부 2016-2호)까지 취득했다.

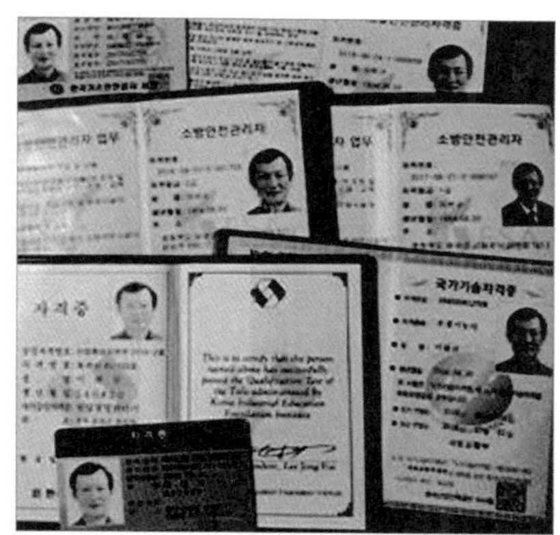

▲노후 생계를 위한 각종 자격증.

2017년 5월 15일 『한국문학세상(발행인 김지혜)』 30호에 수필「얼마나 울었던가, 동백 아저씨」외 1편을 발표했다. 6월 21일, 환경실천연합회 제16회 국제 지구사랑 작품공모전 문예 분야 심사위원으로 위촉되어 심사했다. 10월 25일, 조은영 시집 『노마드의 꿈』 작품 해설 「노마드, 영원한 푸른 하늘의 꿈」을 썼다. 11월 15일 『한국문학세상(발행인 김동균)』 통권31호에 나는 수필 「으라차차」외 1편을, 백조는 「오늘 오는 비는」외 1편을 발표했다. 11월 10일, 동작문인협회의 『동작문학(회장 박광택』에 「특별 취재 중계-청춘 상륙작전에 성공한 춘남 김영석 전 동작문협 회장을 찾아서」를 수록했다. 12월 20일, 『글길문학』 제44집에 평론 「노마드, 영원한 푸른 하늘의 꿈」을 수록했다.

10. 백조가 흐르는 부천시 심곡천에서

2018년 1월 1일, 신춘희 시인은 동아일보 신춘문예에 시조 「이중섭의 팔레트」가 당선되었다. 김대규 선생님이 병세가 상당히 심한 상황이었는데, 신춘희 시인과 함께 방문하여 인사드렸니 무척 좋아하셨다.

1월 2일, 일간경기에 신년시 「수평선」을 발표했다. 3월 21일, 공란식 수필집『마이웨이』에 발문 「누님! 스마트 감성 참 멋져요」를 썼다. 4월 15일. 나는 『한국문학세상(발행인 김동균)』 통권32호에 공란식 스마트 감성 수필집 발문을 수록했고, 4월 28일 12인 시집 『달빛에 사랑을 담다』에 「줄긋기」 외 9편의 시와 열두 명의 시평을 발표했다. 출판기념회는 오산컨벤션웨딩홀(대표 정미섭)에서 나와 황백조 시인의 사랑을 위해 김선우, 김용원, 김용희, 박민순, 서정택, 손창완, 양길순, 이상정, 이서연, 전경만 시인 등이 각각 10편씩의 시를 보내왔다. 이서연 시인의 진행으로 백조와 내가 시낭송하면서 행사가 시작됐고, 재능시낭송회 이경량, 수원문인협회 윤영화, 안양글길문학회 백옥희,

▲백조에게 사랑을 다짐하며 꽃다발을 주다.

경기도시낭송가협회 조은주 시낭송가들의 시낭송과 공란식 오산문화원 부원장의 축가, 하씽코중창단(단장 목진옥)의 열창과 김선우 시인과 빠떼루 김영준 교수의 축사로 조촐하게 행사를 마쳤다.

11월 10일, 김선우 시집 『냉이꽃 편지』의 작품 해설 「불심佛心+시심詩心」을 썼다.

11월 15일, 나는 『한국문학세상(발행인 김동균)』 통권33호에 수필 「세종대왕님과 톡하고 싶다」 외 1편을 발표했다.

2019년 4월 15일 『21문학시대(발행인 문성홍)』 창간호의 편집 · 기획을 맡아서 진행했고, 5월 1일 『한국문학세상(발행인 김동균)』 통권34호에 5월 24일 『시예문학(회장 신국현)』 제19집에 「꽃뱀」외 3편, 8월 1일, 『한국문학 세상(발행인 김동균)』 통권35호에서 「내 삶의 나무를 중심으로 한 노동자의 참삶」으로 제37회 문학평론 신인상을 받았다. 12월 2일, 오산문인협회의 『오산문학(회장 김재용)』 제30호에 역대 회장 초대 작품으로 「필봉산 숲에는 메아리가 산다」를 발표했다. 12월 15일, 〈노작 홍사용 문학관〉에서 펴낸 『문학으로 걷는 화성』에 「오산동 488번지」가 수록되었다.

2020년 3월 16일, 계간 『시마(발행인 이도훈)』 봄호에 시 「지금은 이밥 짓는 시간입니다」를, 4월 30일, 창작21작가회 작품집 4호 『물고기 곁눈 속에 든』에 「나의 시론, 뒤늦게 고백하는 나의 시 창작론」을 발표했다. 5월 1일 『한국문학 세상(발행인 김동균)』 통권36호에 나는 문학강좌 「최소의 단어로, 최대의 효과를」발표했다. 9월 5일, 계간 『시마(발행인 이도훈)』 5호에 백조의 시 「배롱나무 큰오빠」가 실렸다.

▲세종대왕께 편지쓰기 공모전 입상.

11월 6일, 나는 문화체육관광부와 부산광역시에서 주최하고 동아대학교에서 주관한 574자로 세종대왕께 편지쓰기 공모전에서 입상했다. 같은 날 『한국문학 세상(발행인 김동균)』 통권37호에 시 「거미줄에 걸린 푸시킨」 외 2편을 발표했고, 2020 대한민국 최고스타 문예대상 최고스타 대상을 받았다. 당선작은 평론 「반짝반짝 빛나는 꼬마 시인의 꿈-꼬마 시인 김동수의 작은 시집 『행복한 주말』이다.

2021년 2월 1일, 월간 『국보문학(발행인 임수홍)』 2월호에 초대 평론 「송암 김선우론-하나가 모두이고 모두가 하나이네」를 발표했다. 2월 3일 한국예술인복지재단에 「예술활동증명」을 완료했다.(유효기간 2021년 02월 02일-2026년 02월 01일)

4월 12일, 백조가 《좋은생각》 창간 29주년 기념 제16회 생활문예대상을 받았다. 5월 19일, 김선우 제12시집 『가시꽃이 피었다』에 작품해설 「그리움, 행복한 날들의 비망록」과 「반짝반짝 빛나는 꼬마 시인의 꿈」이라는 평론을 썼다. 7월 1일 백조의 수필 「우리가 있잖아」가 《좋은생각》 7월호에 실렸다. 8월 30일 경기도 어르신 작품공모전에서 내가 쓴 시 「껌값」이 우수상을 받았다. 9월 5일, 나는 『시마(발행인 이도훈)』 9호에 시 「날씨 예보」를 발표했다. 11월 13일, 제5회 아산문학상 전국 공모전에서 내가 쓴 수필 「아버지와 은행나무」가 동상에 입상했다. 12월 11일, 백조가 제40회 복사골 백일장에서 수필 「마스크는 언제 벗어」로 입상했다.

12월 20일, 제4시집 『노란 뿔이 난 물고기』를 경기도 원로예술인 창작 지원금을 받아 김태형 시인이 운영하는 청색종이에서 발간했다. 12월 25일, 창작21작가회(회장 문창길) 작품집 제5호 『눈물을 마시는 나비』에 「멸치」외 2편의 시를 발표했다.

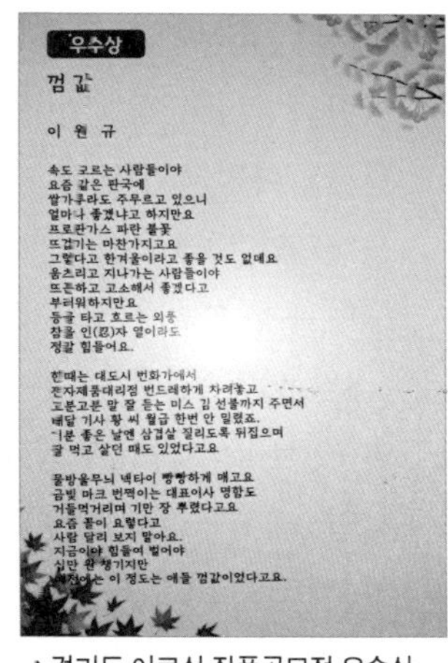
우수상

껌값

이 원 규

속도 고르는 사람들이야
요즘 같은 판국에
쌀가루라도 주무르고 있으니
얼마나 좋겠냐고 하지만요
프로판가스 파란 불꽃
뜨겁기는 마찬가지고요
그렇다고 한겨울이라고 좋을 것도 없데요
움츠리고 지나가는 사람들이야
뜨끈하고 고소해서 좋겠다고
부러워하지만요
등골 타고 흐르는 외풍
참을 인(忍)자 열이라도
정말 힘들어요.

한때는 대도시 번화가에서
전자제품대리점 번드레하게 차려놓고
고분고분 말 잘 듣는 미스 김 선물까지 주면서
배달 기사 황 씨 월급 한번 안 밀렸죠.
기분 좋은 날엔 삼겹살 질리도록 뒤집으며
술 먹고 살던 때도 있었다고요

물방울무늬 넥타이 빵빵하게 매고요
금빛 마크 번쩍이는 대표이사 명함도
거들먹거리며 기만 장 뿌렸다고요
요즘 꼴이 요렇다고
사람 달리 보지 말아요.
지금이야 힘들여 벌어야
십만 원 챙기지만
예전에는 이 정도는 애들 껌값이었다고요.

▲경기도 어르신 작품공모전 우수상.

2022년 1월 17일, 부천 MBS 방송(대표 박민서)에 출연하여 스튜디오에서 「무료로 시집 내는 방법」이라는 주제로 녹화하여 방송했다. 공모전이나 지원금 등을 잘 받는 법에 대한 내용이었다. 3월 1일, 계간 『한국작가(회장 김건중)』에 시 「참고 견디는 힘」 외 1편을 발표했다. 4월 28일 양길순 시집 『메소포타미아에 핀 꽃』의 작품해설 「사소한 것들에 톡톡 건네는 유쾌한 이야기」를, 6월 10일, 홍사용문학관에서 문예동인지 『백조』창간 100주년 기념 특집호로 발간된 계간 『백조』 여름호에 시 「몰라 몰라 Mola mola」 외 2편을 발표했다. 백조는 강릉단오제 체험기 및 독후감 전국 공모전에서 입상해 상품을 푸짐하게 받았다.

7월 29일, 우리 부부 합동 시집 『사랑꽃을 피우리』를 경기도 · 경기문화재단의 지원으로 도훈(발행인 이도훈)에서 출간했다. 출판기념회는 내 생일인 9월 15일에 심곡동 문화예술플랫폼 엘피갤러리카페에서 열렸다. 이 시집에 실린 시들은 우리 부부가 알콩달콩 살아가면서 서로에게 보내는 메시지나 다름없다. 124편의 시와 백조가 쓴 자전 동화 1편이 수록되었다. 표지 글씨와 그림은 여섯 살 외손녀 김연우가 쓰고 그렸다. 이봉래(누리문학 회장)의 진행으로 소설가 박희주(전 부천문인협회 회장), 정재현(전 부천시의원), 김희자(전 경기도 청소년수련원장), 이명숙(부천시 재향군인회 사무국장), 김지민(건강한 세상 이사장), 안은숙(부천시민), 손한남(당진의 농부) 등이 참석해 덕담을 나누며 부부 합동 시집 출간을 축하해 주었다.

8월 30일, 김선우 시인의 제3 시선집 『나만의 행복한 그리움』을 박민순, 서정택 시인과 함께 공동 기획하여 『국보문학』에서 펴냈다. 8월 31일, 태평문학상에서 내가 응모한 시 「쌈밥」이 입선되었다. 9월 30일, 백조와 내가 사랑하던 외아들 영훈이가 먼 나라로 떠났다. 고등학교 때부터 컴퓨터를 잘 다뤘다. 청소년 정보검색대회에서 상도 받아왔다. 내가 아무 말 안 해도 노트북도 스캔 되는 프린터기를 사주고, 업데이트도 시켜주고, 타이핑할 자료가 많으면 재빠르게 척척 쳐주었는데….

10월 1일, 〈노작 홍사용 문학관〉을 방문했다. 행사 전에 〈제22회 노작문학상〉 수상자 조정 시인, 노작문학관 이사장 홍일선 시인과 심사위원 정수자 시조시인 그리고 노작 청소년 스마트폰 시낭송 공모전 부문 심사위원장 윤석산 시인님과 손택수 관장 방에서 만나 대화를 나눴다. '초창기 〈노작 홍사용 문학관〉의 기초를 닦았던 것에 감사하다.' 면서 직원 일동이 내게 주는 〈감사패〉를 받았다.

▲부부 합동시집 『사랑꽃을 피우리』.

무려 16년 만에 처음으로 초청받았

다. 〈노작 선생〉과 인연 맺은 지 어언 30년, 잃어버린 30년은 아니었나 보다. 그러니, 나는 복福 받은 사람이다. 나보다 더 많은 일을 하고도 다른 사람에게 공功을 빼앗긴 사람들이 어디 한둘이던가. 여하튼 검은 상패의 묵직한 무게처럼 정이 듬뿍 담긴 〈노작 홍사용 문학관〉 일동의 정성이라니 오래도록 간직하며 기억하겠다.

■에필로그 Epilogue

40여 년 내 문학 인생의 일기장을 정리하다 보니 옛 추억이 새록새록 떠오른다. 지난 2022년 10월 1일, 노작 홍사용 문학관에서 주는 감사패를 받고, 소감을 말하다가 그만 울컥했다. 백조와 내가 사랑하는 외동아들 영훈이가 바로 전날 먼 나라로 떠났다. 모처럼 무대에 올라서니 하늘나라에 먼저 가 있는 어진 벗 김성열과 최춘일의 얼굴이 갑자기 떠올랐다. 〈노작〉 관련 일을 추진할 때, 그 두 사람 외에도 중학교 동창인 튀르키예(터키) 앙카라에 가 있는 도예가 김용문과 박프로덕션 박후원의 도움이 없었다면 끝까지 버티지 못했을 것이다. 내가 어려움에 부닥치는 고비마다 어진 벗들은 나보다 더 크게 판을 키워나갔었다.

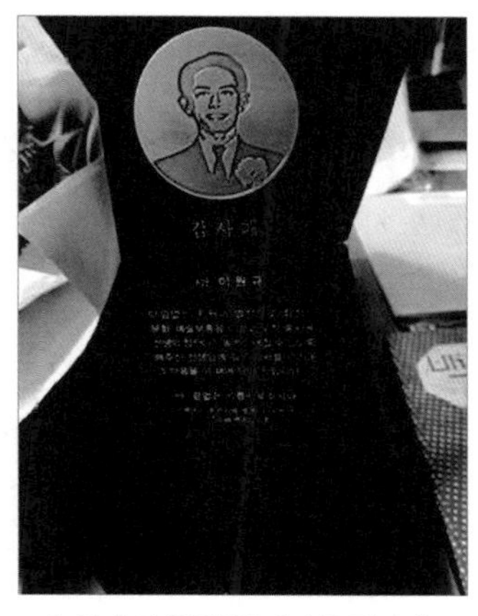

▲노장 홍사용문학관에서 준 감사패.

최춘일 작가는 홍규선 옹이 내게 주신 노작 선생의 책과 결혼사진 등 유품을 슬라이드 필름으로 담아주었다. 김성열 연출가는 「나는 왕이로소이다」

를 국립극장 달오름 무대에 올리고, 거창국제연극제에 노작의 희곡 「할미꽃」을 각색 · 연출하여 최우수상을 받았다. 김용문 도예가는 서울과 수원에서 노작 선생의 시를 도판에 새긴 「청산백운 옹기 접시전」을 성대하게 열어주었다. 박후원 대표는 동영상 작업을 하느라 추운 겨울에서 무더운 여름까지 오산에서 수원 그리고 서울까지 무거운 촬영 장비를 둘러메고 다니면서 고생했다. 이 어진 벗들의 노력으로 노작 홍사용' 이라는 이름은 삼천리 방방곡곡으로 널리 퍼지게 되었다. 나는 그들에게 〈감사패〉를 돌려줘야 마땅하다. 그런데, 벌써 두 친구는 하늘나라에 가 있고, 한 친구는 이역만리 타국에, 그리고 또 한 친구는 얼굴을 본 지도 꽤 오래되었다.

나는 1993년 『오산문단』창간호에 특집으로 「홍사용과 박팔양의 생애와 문학」을 발표하며 우리 동네의 문인을 찾고 있었다. 경기도문인협회 사무국장이던 1998년 4월 27일, 김대규(안양지부장), 정원택(오산지부장), 지현숙(화성지부장) 그리고 이상정 경기도문인협회 사무차장 등과 함께 〈노작 홍사용 선생의 묘소〉에 참배했다. 이때부터 〈노작〉과 관련된 자료를 본격적으로 수집하게 되었다.

탄생 100주년을 앞둔 1999년 5월 7일, 신경애 오산문인협회 지부장과 이영옥 시인이 동행하여 노작 연구가로 알려진 김학동 서강대 명예교수의 자택을 방문하여 미발표 수필 「향상」 원고도 받아왔다. 7월 8일, 오산시 원동 태영아파트에 거주하는 노작 선생의 장자 홍규선 옹댁을 홍승갑, 김의식 시인과 박프로덕션 대표인 친구 박후원과 함께 방문하여 유품 보따리를 넘겨받았다. 이때부터 본격적인 노작의 재조명 사업은 출발했다. 11월에는 〈노작 홍사용 탄생 100년 기념 문학제〉를 기획하여 경기문화재단에 『홍사용 전집』 출간과 100주년 행사계획과 관련한 「문화예술진흥지원금 신청서」를 작성하여 제출했다. 2000

년 5월, 경기문화재단에서 발간하는 《기전문화예술》 여름호에 김학동 서강대 명예교수는 「노작의 생애와 문학」, 내가 「토월회와 노작의 연극 시대」를 발표했다. 6월 3일, 김명훈 촌장이 운영하는 문화예술촌 쟁이골에서 열린 제4회 단봉예술제에서 「경기문인시낭송회」를 추진한 나는 〈노작 홍사용 탄생 100주년 기념 문학제〉를 홍보했다. 6월 17일과 18일 양일간 내가 사무국장인 한국문인협회 경기도지회(지회장 김남웅)가 주최하고 오산지부(지부장 성백원)·화성지부(지부장 지현숙)가 공동 주관하여 〈노작 홍사용 탄생 100주년 기념 문학제〉를 오산대학교 강당에서 개최했고, 『홍사용 전집』도 360쪽 분량으로 뿌리와 날개에서 발간했다. 10월 25일, 나는 『노작 홍사용 일대기-백조가 흐르던 시대』를 경기문화재단 지원으로 새물터에서 발간했다. 그 책에는 그동안 공개되지 못했던 노작과 정백의 합동 수필집 『청산백운』 전편을 최초로 공개했다. 10월, 서로 호형호제하며 지내던 우호태 화성군수에게 내가 건의하여 뒤늦게나마 제17회 화성문화상 문예진흥 부문 수상자로 노작 홍사용 선생을 선정하여 추서했다. 시상식 날 노작의 장자 홍규선 옹과 자부 그리고 손자 홍승준과 증손자와 함께 기념 사진도 찍었다. 2021년 5월 15일, 수원여고 1일 명예교사로 추천된 나는 노작 선생 일대기를 담은 다큐멘터리 동영상을 방영하며 강연

▲노작 홍사용 선생을 연구하는 사람, 이원규 선생님. 저서 : 『백조가 흐르던 시대』, 영상 : 『조선인은 조선을 알아야 한다』 2000년

했다. 4월 18일 석우리에 살던 노작 선생의 친척 홍옥희 님 가족들이 대지 500평, 건평 50평의 한옥을 무상으로 빌려줘 리모델링해서 〈지조 있는 민족 선비의 집-노작 홍사용 기념관〉이라는 현수막을 내걸었다. 7월 7일, 〈기념관〉 개관을 겸한 〈101주년 추모 문학제〉 행사에는 민영 작가회의 고문을 비롯한 100여 명이 참석했다. 하지만 유족들이 불참하는 불미스러운 일이 벌어졌다. 추진 전부터 홍규선 옹께 취지를 설명했더니, 수고한다며 금일봉도 주셨는데, 갑자기 행사 개시 3일 전에 「내용증명」까지 보내며 불참했다. 그래서 101주년 행사 이후 나는 유족 측의 요구대로 깔끔하게 손을 뗐다.

추신追伸: 내가 〈노작〉 곁을 떠난 지 20년도 넘었다. 2022년, 따스한 어느 봄날에 〈노작 홍사용 문학관〉 사무국장 허민 선생의 전화를 받았다. 그 한 통의 전화로 가슴속의 응어리가 풀렸다. 이제는 더 깔끔하게 털어내야 한다. 그간 일곱 번을 이사 다니면서도 언제나 이삿짐에 싣고 다녔던 〈노작〉에 관한 자료들, 하다못해 휘갈겨 쓴 내 메모 쪽지 한 장까지도 모조리 포장 상자에 담아서 〈노작 홍사용 문학관 손택수 관장〉 앞으로 2022년 8월 3일, 몽땅 우체국 택배로 보냈다. 〈노작 홍사용 문학관〉에서는 그 자료들을 〈노작 홍사용 선생을 연구하는 사람〉 이라는 전시용 부스까지 만들어서 소중하게 보관하고 있으니 큰 기쁨이 아닐 수 없다. 힘든 세상을 살아왔지만, 요즘 들어 사람 사는 세상이 아주 고마운 그야말로 아, 끝없는 기쁨이로소이다. ■